DUBY TAL | MONI HARAMATI | SHIMON GIBSON

ISRAEL VON OBEN

SCM

Stiftung Christliche Medien

SCM R.Brockhaus ist ein Imprint der SCM Verlagsgruppe,
die zur Stiftung Christliche Medien gehört, einer gemeinnützigen Stiftung,
die sich für die Förderung und Verbreitung christlicher Bücher, Zeitschriften,
Filme und Musik einsetzt.

MIX
Papier | Fördert gute Waldnutzung
FSC® C043106
www.fsc.org

SCM R.Brockhaus in der SCM Verlagsgruppe GmbH
Max-Eyth-Straße 41 · 71088 Holzgerlingen
Internet: www.scm-brockhaus.de | E-Mail: info@scm-brockhaus.de

Originally published in English under the title
FLIGHTS INTO BIBLICAL ARCHAEOLOGY
Im Original herausgegeben in Verbindung mit der Israel Antiquities Authority, POB 586, Jerusalem 91004, Israel.

Fotograf: Duby Tal
Pilot: Moni Haramati
Text: Prof. Shimon Gibson
Konzeption und Herausgeber: Duby Tal and Prof. Shimon Gibson
Wissenschaftliche Beratung: Dr. Sam Wolff, IAA
Produktion: Albatross Aerial Photography Ltd.

Bildquellen: © Albatross Aerial Photography Ltd.; Israel Antiquities Authority
(fotografiert von Clara Amit, Marianna Salzberger, Tzila Sagiv, Nicky Davidov, Leonid Padrul, Avraham Hay, David Harris, Nahum Slepak); Shimon Gibson
Weitere Bildquellen:
S. 5 rechts: Matankic / Wikimedia Commons (CC BY-SA 4.0)
S. 59 u.: Prof. Ephraim Stern, Tel Dor Project, Hebrew University, Jerusalem
S. 76 o.: Meronim / Wikimedia Commons (CC BY-SA 3.0)
S. 101 o. links: Dr. Yitzhak Magen, IAA
S. 118 mitte links: Dr. Danny Syon, IAA
S. 120-121 mitte links: Karim Abu Mokh, Shuni Archaeological Project, Jewish National Fund.
S. 132 u.: יאיר דב / Wikimedia Commons (CC BY-SA 4.0)
S. 142 und 143, jeweils o.: Dr. John DeLancey, https://biblicalisraeltours.com; vermittelt durch Bildarchiv Alexander Schick, www.bibelausstellung.de
S. 145: Bildarchiv Alexander Schick, www.bibelausstellung.de
S. 167 u.: Yotam Tepper, Excavations of the Megiddo Prison 2005, IAA

Die Bibelverse sind den folgenden Ausgaben entnommen:
Neues Leben. Die Bibel, © der deutschen Ausgabe 2002 und 2006 SCM R.Brockhaus in der SCM Verlagsgruppe GmbH, Holzgerlingen
Darüber hinaus wurden verwendet:
Elberfelder Bibel 2006, © 2006 SCM R.Brockhaus in der SCM Verlagsgruppe GmbH, Holzgerlingen (ELB)
Einheitsübersetzung der Heiligen Schrift, vollständig durchgesehene und überarbeitete Ausgabe, © 2016 Katholische Bibelanstalt GmbH, Stuttgart (EÜ)

Lektorat: Tanja Omenzetter
Umschlaggestaltung: Andreas Sonnhüter, grafikbuero-sonnhueter.de
Titelbild: Duby Tal
Satz: Burkhard Lieverkus, Wuppertal
Druck und Bindung: Grafisches Centrum Cuno, Calbe
Gedruckt in Deutschland
ISBN 978-3-417-02027-4
Bestell-Nr. 227.002.027

DUBY TAL | MONI HARAMATI | SHIMON GIBSON

ISRAEL VON OBEN

Atemberaubende Luftaufnahmen zur biblischen Archäologie

Aus dem Englischen übersetzt von Ulrike Brandhorst

SCM
R.Brockhaus

Inhalt

Teil 5:

DER ISLAM UND DIE KREUZFAHRER 194

Teil 6:

HIN ZUR NEUZEIT 238

Vorwort

Duby Tal

Geschichte und Archäologie waren von klein auf meine steten Begleiter. Schon als Kind lauschte ich den spannenden Geschichten meiner Mutter. Sie erzählte, wie sie mit der Britischen Armee während des Zweiten Weltkriegs so legendäre Stätten wie die Ruinen von Baalbek im Libanon oder die ägyptischen Pyramiden besuchte. Später nahm ich selbst an den zahlreichen Exkursionen teil, die meine Mutter innerhalb Israels organisierte.

Als junger Hubschrauberpilot begeisterten mich dann die unterschiedlichen Perspektiven, die mir das Fliegen bot. Beim Tiefflug war ich fasziniert von den Hinterlassenschaften und Relikten alter Zeiten, die aus dichtem Unterholz hervorlugten oder ihre bizarren Schatten auf den Wüstensand warfen.

Viele der altertümlichen Stätten hatte ich bereits besucht und stellte nun fest, dass ich von der Luft aus viele Dinge sehen konnte, die mir auf dem Boden verborgen geblieben waren. So kam es, dass ich mit meiner Liebe zur Fotografie und meiner Leidenschaft fürs Fliegen in ein Leben als Landschaftsfotograf startete. Dabei spezialisierte ich mich auf Schrägbildaufnahmen aus der Luft.

Beim Tiefflug geht man eine ausgesprochen innige Beziehung mit der Landschaft ein, die man überfliegt. Ich habe das Privileg, in einem Land mit langer und reicher Geschichte geboren worden zu sein, in dem jeder Stein eine erstaunliche Geschichte erzählt und fast jeder Ort Schauplatz einer alten Legende gewesen zu sein scheint.

Die sanften Hügel, die tiefen Täler und die sandigen Küsten, die wir als Teil des modernen Israels kennen und lieben, flüstern von den Anfängen der Menschheit. Archäologische Funde stehen im Einklang mit den Geschichten aus dem Alten und Neuen Testament und erinnern an eine Vielzahl von Menschen, die das Land durchreist oder dort gelebt haben: Römer und Griechen, Juden und Christen, Araber und Kreuzritter. So viele Menschen sind durch dieses Land gezogen, bevor sie scheinbar wieder verschwanden – doch die Erinnerung an sie lebt an den archäologischen Stätten weiter.

Seit dreißig Jahren bin ich zusammen mit meinem begabten Partner Moni Haramati als Pilot und später als Luftfotograf am Himmel unterwegs. In dieser ganzen Zeit bin ich es niemals leid geworden, die ständig wechselnden Spuren der Zeit auf dem Boden unter mir zu betrachten.

Jedes Mal, wenn ich über die Stätten fliege, auch über die, die ich bereits sehr gut kenne, bin ich von neuem Staunen erfüllt: Wenn sie im goldenen Licht der untergehenden Sonne im Sommer vor mir liegen oder – von frischem Schnee bedeckt – im bläulichen Licht eines frühen Wintermorgens. Immer und immer wieder fliege ich hoch hinauf und versuche, das Licht und die ganz besondere Atmosphäre jeder Stätte in ihrer Großartigkeit einzufangen.

Es begeistert mich auch immer wieder aufs Neue, wenn ich zum ersten Mal einen Ort entdecke, der noch nicht erforscht zu sein scheint. Ich glaube, die Begeisterung, die mich bei meinen Entdeckungen aus der Luft durchströmt, habe ich mit den Archäologen gemeinsam, die auf dem Boden arbeiten. Ich sollte auch die Anerkennung erwähnen, die den Archäologen für ihre harte Arbeit und ihre tägliche Mühe gebührt, etwas, das sowohl unseren Respekt als auch unsere Unterstützung verdient. Ohne sie wären viele dieser Stätten einfach nur bedeutungslose Steinhaufen.

Die antiken Überreste sind integraler Bestandteil der gesamten Landschaft, in der sich mehrere historische Schichten überlagern und somit eine wohlgeschichtete Chronik bilden. Die Archäologie verwebt Historie und Landschaft zu vielfältiger Geschichte. Der Archäologe Professor Shimon Gibson, der meine Leidenschaft für dieses Buch teilt, hat zu den Aufnahmen kundige Texte beigesteuert. Ich hoffe und wünsche, dass diese Texte die facettenreiche israelische Frühgeschichte zum Leben erwecken, und dieses Buch Ihnen den Reichtum und die Vielfalt der antiken Landschaft Israels näherbringt.

Tell Rekesch: Ein klassischer antiker Siedlungshügel (Tell) im südlichen Teil Galiläas. Hier gibt es mehrere Schichten bislang unerforschter Überreste antiker Siedlungen sowie Oberflächenfunde aus der Bronze- und Eisenzeit.

Einleitung

Professor Shimon Gibson

Die Entdeckung der antiken Vergangenheit Israels ist eine aufregende Angelegenheit, bei der es ständig neue Entdeckungen gibt. Dabei sind archäologische Ausgrabungen auf der Suche nach Informationen über antike Kulturen von größter Bedeutung. Doch es werden nicht etwa einfach nur Löcher in den Boden gegraben, sondern strenge wissenschaftliche Methoden befolgt. Der amerikanische Archäologe William Foxwell Albright schrieb einmal, dass „Ausgrabungen sowohl eine Kunst als auch eine Wissenschaft“ seien. Und der britische Archäologe Mortimer Wheeler bemerkte, dass es „keine richtige Art der Ausgrabungen gibt, jedoch viele falsche.“

Das Zeitalter der Archäologie begann im 19. Jahrhundert: Die Erforschung archäologischer Stätten und die Jagd auf altertümliche Schätze erlebten eine Hochphase. Anfang des 20. Jahrhunderts kam es zu großflächigen Ausgrabungen altertümlicher Siedlungshügel (Tells). Dabei wurde versucht, so schnell und tief wie möglich zu graben und Überreste aus biblischen Zeiten zu finden. In den folgenden Jahrzehnten verbesserten sich die wissenschaftlichen Ausgrabungsmethoden beträchtlich. Die Ausgrabungen wurden nun sehr viel vorsichtiger angegangen, waren weniger großflächig und basierten auf soliden wissenschaftlichen Erkenntnissen. Darüber hinaus fanden nun auch verfeinerte Untersuchungen von Keramikfunden und sogenannten Ökofakten, also von organischen Umweltüberresten, statt. Es war die Sternstunde der „Biblischen Archäologie“ und die Öffentlichkeit begeistert von den spektakulären Entdeckungen bei Tell Dan, Hazor, Lachisch und Beerscheba. Später kamen Ausgrabungen in Masada und, seit den 1970er-Jahren, in Jerusalem Ausgrabungen in der Nähe des Tempelbergs und im Jüdischen Viertel hinzu.

In den letzten Jahrzehnten entwickelte sich die Archäologie im Heiligen Land mehr und mehr zu einer wissenschaftlichen Disziplin mit immer fortschrittlicheren Methoden wie der Radiokarbon- oder der Uran-Thorium-Datierung. Auch anthropologische, genetische, zoologische und botanische Erkenntnisse bzw. Techniken wurden für die Untersuchung des Materials aus den Ausgrabungen herangezogen. Dazu kam die Analyse von Luftaufnahmen aus Flugzeugen oder Heißluftballons. Mittlerweile haben sich in der Archäologie zahlreiche Spezialgebiete herausgebildet: Es wurden nicht nur die verschiedenen antiken Perioden untersucht, sondern auch Kategorien wie Waffen, Siegelstempel, Perlen, Glasobjekte usw. herausgebildet. Besonders auf dem Gebiet der Keramik ist die Wissenschaft mittlerweile weit fortgeschritten – es gibt Experten, die Tongefäße auf eine bestimmte Zeitspanne von nur 50 Jahren datieren können.

1989 trat die Israelische Antikenbehörde die Nachfolge des Israel Department of Antiquities and Museums an. Sie ist die offizielle staatliche Regulierungsbehörde für sämtliche archäologischen Tätigkeiten in Israel und kontrolliert die bekannten antiken Fundstätten, garantiert deren Schutz, geht gegen illegale Ausgrabungen vor, reguliert den Handel mit antiken Fundstücken und vergibt Lizenzen für Ausgrabungsprojekte. Außerdem führt sie vor neuen Bauvorhaben oder Straßenbauarbeiten zahlreiche Bergungsausgrabungen durch, um mögliche antike Überreste sicherzustellen und vor Schäden zu bewahren.

Chronologische Übersicht

Paläolithikum	Epipaläolithikum	Neusteinzeit	Kreidezeit	Frühe Bronzezeit	Mittlere Bronzezeit I	Mittlere Bronzezeit II	Späte Bronzezeit	Eisenzeit	Persische/ Babylonisch Zeit
1400000-17000	17000-8500	8500-4500	4500-3500	3500-2350	2350-2000	2000-1550	1550-1200	1200-586	586-332
Vorzeit	v. Chr.	v. Chr.	v. Chr.	v. Chr.	v. Chr.	v. Chr.	v. Chr.	v. Chr.	v. Chr.

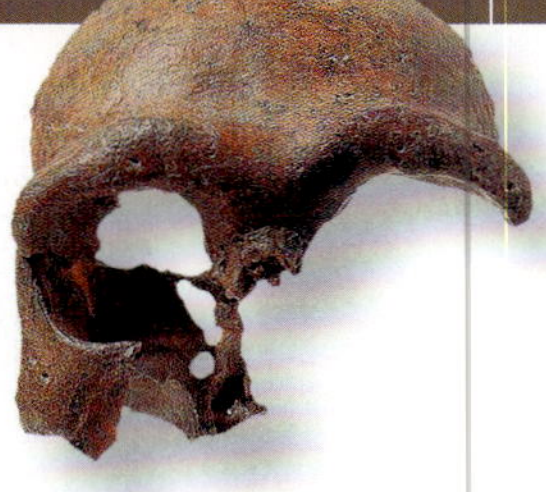

Menschen haben seit jeher das Bedürfnis, visuell zu erfassen, was ihnen wichtig erscheint – seien es Bauwerke, Monumente, Landschaften, Naturphänomene, Veranstaltungen und ihre Mitmenschen, vor allem Familienmitglieder. Heute ist das dank der sich schnell entwickelnden Digitalfotografie jedem möglich. Gleichzeitig werden wir in Internet und Fernsehen von Bildern geradezu überflutet und können jederzeit auf jedes beliebige Bild zugreifen. Das führt dazu, dass uns die Wirklichkeit gar nicht mehr so gut gefällt und unser Gehirn versucht, die alltäglichen Dinge zu beschönigen und allerlei hineinzuinterpretieren. Am Ende sehen wir dann mehr, als tatsächlich zu sehen ist. Daher nehme ich in mir und auch in anderen eine Sehnsucht wahr, die gewohnten Dinge aus einer neuen Perspektive betrachten zu wollen – und zwar aus dem Blickwinkel des Himmels.
In alten Zeiten galt es vornehmlich als Privileg der Götter, Landschaften und Bauwerke von oben zu betrachten. Schreine und Tempel wurden auf den Gipfeln der höchsten Berge errichtet, und in der Bibel lesen wir, dass Mose auf den Berg Sinai gestiegen war, um mit Gott zu reden und dort die Gesetzestafeln zu empfangen. Die Menschen früherer Zeitalter stellten sich das Heilige als etwas vor, das wie Wolken am Himmel entlanglitt oder erhaben wie Vögel in der Luft schwebte. Der griechischen Sage von Ikarus und Daedalus nach wollte Daedalus noch weiter hinaus: Er baute Flügel aus Federn und Wachs, um damit aus der Gefangenschaft zu fliehen. Doch sein Sohn Ikarus wurde übermütig, weil er sich beim Fliegen wie Gott fühlte, kam der Sonne zu nahe und fiel vom Himmel herab in den Tod. Für die Menschen des Altertums waren Gott oder die Götter die Alleinherrscher des Himmels.

Wir können uns also glücklich schätzen, dass nun – im Zeitalter der Flugzeuge – der heilige Bereich des Himmels auch für uns Menschen zugänglich ist und wir die archäologischen Stätten des Heiligen Landes frei von den Einschränkungen früherer Zeiten betrachten können.
Vertikale Aufnahmen aus Leichtflugzeugen oder Heißluftballons sowie Schrägaufnahmen aus Hubschraubern ermöglichen uns ein zusammenhängendes und vollständiges Bild der archäologischen Stätten. Die ersten Luftaufnahmen des Heiligen Landes stammen aus der Zeit des Ersten Weltkriegs und Wissenschaftler erkannten sehr schnell deren Nutzen für die historische Geografie und Forschung. Von da an wurden regelmäßig Schrägaufnahmen archäologischer Fundorte überall im Land gemacht und wir verfügen so über bildliche Dokumentationen der früheren Landschaftsformen, die inzwischen durch das immense Ausmaß der modernen Entwicklung völlig verändert sind.
Mithilfe des fähigen Piloten Moni Haramati gelangen Duby Tal Aufnahmen archäologischer Stätten, die nicht nur informativ und nützlich sind, sondern auch von künstlerischer Schönheit. Auf den Bildern sehen wir die antiken Städte, Festungswerke und Dörfer im Kontext der Landschaft – mitsamt den Straßen, die von dort aus in die Ferne führen und den Feldern und Steinterrassen, die sich von den Hügeln in alle Richtungen bis tief in die Täler erstrecken. Manche dieser Bilder sind atemberaubend. Man kann einfach nur ihre Schönheit genießen, aber sie auch dazu nutzen, mehr über die lange Geschichte des Landes Israel zu erfahren, die weit bis in noch unerforschte Zeiten zurückreicht.

Wir wünschen Ihnen viel Freude mit diesem Buch.

Früh-hellenismus	Spät-hellenismus	Früh-römische Zeit	Spät-römische Zeit	Byzantinische Zeit	Umayyaden	Abbasiden	Kreuzfahrer/ Ayyubiden	Ayyubiden/ Mamluken	Osmanisches Reich bis Neuzeit
332-167	167-37	37-135	135-325	325-638	638-750	750-1099	1099-1291	1291-1561	1517-1917
v. Chr.	v. Chr.	v. Chr./ n. Chr.	n. Chr.	n. Chr.	n. Chr.	n. Chr.	n. Chr.	n. Chr.	

Teil 1:

WIE ALLES BEGANN

„Eine weitreichende Fähigkeit zum konzeptionellen Denken: Dies ist es, was in der Komparativen Psychologie als Alleinstellungsmerkmal des Menschen gilt und was ihn von Menschenaffen unterschiedet. Deren Denken beruht vornehmlich auf der Verarbeitung von Wahrnehmung. Die gezielte Herstellung von Werkzeug setzt die ausgeprägte Fähigkeit voraus, konzeptionell zu denken.“

(Kenneth P. Oakley, Man the Tool-Maker. Chicago, 1961)

Vor über einer Million Jahren durchstreiften kleine Gruppen menschenähnlicher Wesen (Homo erectus) die Levante, die Länder am östlichen Mittelmeer. Sie wanderten vorsichtig an den Rändern der sumpfigen Täler im Binnenland entlang, vorbei an Seen, über das Karmelgebirge und durch die waldigen Hügel von Galiläa. Die ziemlich behaarten, ausgemergelten Wesen hatten tiefliegende Augen und lange, schwingende Arme. Ihre Kommunikation bestand aus Grunzlauten und einer rudimentären Form der Zeichensprache. Den ganzen Tag waren sie auf Nahrungssuche: Entweder sammelten sie Beeren und Wurzeln oder sie jagten kleine Säugetiere, Reptilien und Vögel. Manchmal stießen sie auf die Kadaver größerer Säugetiere, die gesättigte Raubtiere übriggelassen hatten. Dann näherten sie sich vorsichtig, in der Hoffnung, ein paar Bissen Fleisch zu ergattern oder das Mark aus den herumliegenden Knochen zu saugen. Dabei waren sie jedoch immer auf der Hut, denn überall konnten Gefahren lauern. Sie aßen das Fleisch roh und zerlegten die herumliegenden Knochen mit leicht geschärften Steinen, vor allem Feuersteinen. Erst als das Feuer zu ihrem Alltag gehörte, begannen sie damit, das Fleisch zu braten. Nachts schliefen sie auf dem Boden und drängten sich dabei dicht aneinander, um sich zu wärmen und sich gegen große Raubtiere zu schützen, die auf der Suche nach der nächsten Mahlzeit umherstreiften. Es war ein hartes Leben und nur diejenigen überlebten, die sich am besten anpassen konnten.

Votivmaske der Göttin Hathor aus Timna

Unten und ganz rechts: Aufnahmen der Fundstätte Ubeidiya
zu unterschiedlichen Jahreszeiten.

Ubeidiya

Auf den ersten Blick wirkte Ubeidiya, zumindest auf uns Besucher, eher wie eine unspektakuläre Fundstätte. Vom Grabungshaus aus folgten wir einem ausgetretenen Pfad voll mit wilden Disteln, vertrocknetem Unkraut und Gras, vorbei an Unmengen von Trümmern und offener Erde. Es war heiß und Fliegen umschwirrten uns, was unseren Guide, den Prähistoriker Eitan Tchernov, nicht im Geringsten zu stören schien. Der Pfad machte schließlich eine Biegung und wir erklommen die dahinter liegende Anhöhe: Die Ausgrabungsstätte vor uns war übersät mit Steinwerkzeugen und Tierknochen aus der Zeit vor ein oder sogar fast eineinhalb Millionen Jahren. Es war atemberaubend. Ubeidiya liegt auf der Westseite des Jordan, nicht weit von der Stelle entfernt, an der er aus dem See Genezareth heraustritt. Benannt wurde die Fundstätte nach einem archäologisch bislang noch nicht erforschten Siedlungshügel in der Nähe. Aufgrund der geologischen Faltungen und Verwerfungen des Bodens sind manche der Funde in beinahe vertikalen Schichten der Fluss- und Seeablagerungen zu finden. Das ist ziemlich merkwürdig und gewöhnungsbedürftig. Ursprünglich lag die Fundstätte am Rand eines kleinen Süßwassersees, was die große Menge an Knochen von Säugetieren, Reptilien, Fischen und Vögeln erklärt. Es wurden sogar Knochen von Nilpferden, Pferden und Hirschen gefunden. Die dort lebenden Hominiden waren Jäger und Aasfresser. Sie stellten charakteristische Hackwerkzeuge aus Feuerstein und Kreidekalksteinknollen sowie Faustkeile aus Feuerstein und seltener auch aus Basalt her. Manche der Faustkeile wirken auf den ersten Blick wie gewöhnliche Steine, doch bei genauerem Hinsehen stellt man eindeutig fest, dass sie mit Absicht geformt wurden.

Zwei prähistorische Faustkeile, die bei den Ausgrabungen entdeckt wurden.

Ubeidiya ist eine der wichtigsten prähistorischen Fundstätten. Hier gewinnen wir einen Einblick in die Altsteinzeit, als der Frühmensch Homo erectus in den Anfängen des Acheuléen, einer Epoche der Altsteinzeit, begann, von Afrika in die Levante zu wandern.

Blick auf das Nachal Amud-Tal, in dem sich die Zuttiyeh-Höhle befindet. Im Hintergrund sieht man den See Genezareth.
Gegenüber: Blick auf die prähistorischen Höhlen im Karmelgebirge.

Prähistorische Höhlen in Galilä

Als der junge Engländer Francis Turville-Petre 1925 in den östlichen Hügeln Galiläas bei der Zuttiyeh-Höhle (der „Räuberhöhle“) mit seinen Grabungsarbeiten begann, ahnte er nicht, dass er kurz vor einer großen archäologischen Entdeckung von nachhaltiger Bedeutung stand. Tief im Boden entdeckte Turville-Petre unter heruntergefallenen Steinblöcken die Fragmente eines uralten menschlichen Schädels. Dieser als *„Mann von Galiläa“* bekannte Schädel gilt bis heute als ältestes menschliches Fossil, das je in der Levante gefunden wurde.

Darüber hinaus wurden in den Höhlen auf dem Karmel bemerkenswerte Fundstücke aus der Mittel- und Jungsteinzeit entdeckt. Die Menschen im Moustérien, einer Epoche der Mittelsteinzeit, waren Jäger und Sammler und recht geschickt darin, fortgeschrittene Schneidewerkzeuge zum Zerlegen von Fleisch und zum Sägen von Knochen sowie zur Verarbeitung von Tierhäuten herzustellen. Außerdem waren sie gut in Holzarbeiten und der Herstellung von Werkzeugen mit Griffen. Zum Beispiel stellten sie in Levalloistechnik Speerspitzen her, die sie auf hölzernen Schäften befestigten. Bei dieser Technik schlugen die Neandertaler durch einen gezielten Schlag dünne Scheiben des gewünschten Materials – in der Regel Feuerstein – ab, um die hergestellten Werkzeuge zu verfeinern. Überbleibsel von Skeletten, die in der Tabun- und in der Kebara-Höhle gefunden wurden, scheinen von Neandertalern zu stammen, wobei es bis heute unklar ist, ob es sich hier um Einwanderer oder ursprüngliche Bewohner des Mittelmeerraums handelt. Während der Klimaänderungen gegen Ende des Pleistozäns (ca. 12 800 v.Chr.) entwickelte sich vor Ort eine sesshafte Kultur, das Natufien. Die Siedlungen dieser Kultur befanden sich vor Höhlen und auf Terrassen. Sie bestanden aus runden oder ovalen Häusern, von denen manche mit Feuerstellen und Mahlgefäßen ausgestattet waren. Unter den Häusern oder in den daran anschließenden Höfen fand man Gräber mit meist gebeugt oder ausgestreckt bestatteten Menschen. Einige der an der Fundstelle entdeckten handwerklichen Objekte sind von außergewöhnlicher Schönheit, darunter Sichelschäfte mit geschnitzten Köpfen sowie Halsschmuck und Armreife aus Dentalienschalen und Anhängern aus Halbedelsteinen oder Knochen.

nd dem Karmelgebirge

Der von Turville-Petre entdeckte „Mann aus Galiläa".

„Hassan [einer der Arbeiter] rannte zu Turville-Petre und rief: ‚Ghalib, schau, ein Schädel!' Ich stand ein paar Meter von Hassan entfernt und wurde so Zeuge der Entdeckung. Es war eine einmalige Erfahrung." (T. Crouther Gordon, Digging in Galilee, Palestine Exploration Quarterly 118 [1986]. S. 81-90)

Halskette aus einer Grabstätte aus dem Natufien. Rechts: Geschnitzter Sichelgriff.

Jericho (Tell es-Sultan)

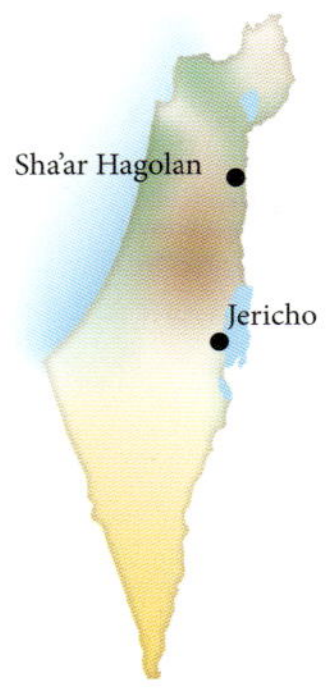

Kathleen Kenyon bezeichnete den markanten Siedlungshügel von Jericho (Tell es-Sultan) in den 1950er-Jahren als „die älteste Stadt der Welt“. Er gehört auch heute noch zu den faszinierendsten antiken Stätten der Levante. Bei dem Hügel, der im unteren Jordantal nördlich des Toten Meeres in einer Oase liegt, wurden Überreste aus der Jungsteinzeit, der Bronzezeit und der Eisenzeit gefunden. Es gibt jedoch keinerlei Hinweise darauf, dass es dort irgendetwas anderes als Ruinen gab, als die Israeliten unter der Führung von Josua, dem Sohn des Nun, ins Gelobte Land kamen (Josua 6,1). Eine der wichtigen Entdeckungen der Ausgrabungen in Jericho war ein achteinhalb Meter hoher, massiver Rundturm mit Innentreppe, der an einen Mauerabschnitt anschloss, vor dem ein dreieinhalb Meter breiter Graben in den Felsen gehauen war. Diese Überreste wurden auf die präkeramische Jungsteinzeit, in das 8. Jahrtausend v.Chr., datiert. Kenyon hielt sie für Teile von Festungsanlagen, die Siedler zu ihrem Schutz gebaut hatten. Andere Prähistoriker wiederum vermuten, dass es sich bei dem Mauerabschnitt um Teile eines Damms handelt, der die Stadt gegen Überflutungen schützen sollte und bei dem runden Turm um den unteren Teil eines verloren gegangenen Lehmziegelschreins. Diese Debatte ist bis heute noch nicht beendet.

Kenyon war eine vehemente Verfechterin korrekter und genauer Methoden für archäologische Ausgrabungen und schrieb sogar ein Buch darüber. Als bei ihren Grabungsarbeiten in Jericho im Jahr 1953 ein menschlicher Schädel ansatzweise freigelegt wurde, weigerte sie sich, diesen ausgraben zu lassen und argumentierte: „An antiken Stätten wird nicht einfach so herumgewühlt, nur um etwas aus dem Boden zu holen … also haben wir ihn dort liegen lassen.“ Als die Ausgrabungsarbeiten beendet waren, ließ Kenyon sich erweichen und erlaubte dem Grabungsleiter, Peter Parr, den Schädel zu bergen. Dies begründete sie damit, dass „die Überreste eines Menschen aus der Jungsteinzeit zu wichtig sind, um sie zu ignorieren.“ Es stellte sich heraus, dass der Schädel zu einer Gruppe von sieben Schädeln gehörte, bei denen die Gesichtszüge mit Gips nachgeformt und anstelle von Augen Muscheln eingesetzt worden waren. Solche Art Schädel wurden auch an anderen Fundstätten aus der präkeramischen Jungsteinzeit gefunden und man vermutet, dass es sich hierbei um vereinfachte Ahnendarstellungen handelt. Die Vermutung, dass Alter, Geschlecht oder Form des Schädels Hauptkriterien bei der Auswahl für diese spezielle Aufbereitung waren, konnte durch die aktuelle Forschung nicht bestätigt werden.

Zwei Schädel aus der Jungsteinzeit. Der eine trägt aus Gips modellierte Gesichtszüge, der andere (aus dem Nachal Hemar) ein Haarnetz aus Asphalt. Rechts und unten: Ansichten des antiken Siedlungshügels bei Jericho und der dortigen Ausgrabungsarbeiten von Kathleen Kenyon.

„Peter Parr, der Grabungsleiter des Gebiets, brachte an diesem Abend ein wirklich bestaunenswertes Objekt mit. Eigentlich war es nur ein menschlicher Schädel aus der Jungsteinzeit, doch der gesamte untere Teil des Schädels war mit Gips überzogen, der menschliche Züge nachbildete … Ein solcher Schädel alleine hätte schon den Höhepunkt unserer zwei Ausgrabungsperioden bedeutet, doch die Stätte hielt noch mehr Überraschungen für uns bereit. In dem Hohlraum, in dem Parr den ersten Schädel gefunden hatte, lagen noch zwei weitere. Und als diese geborgen wurden, kamen drei weitere zum Vorschein. Und dahinter noch ein weiterer.“ (K. M. Kenyon und A. D. Tushingham, „Jericho Gives Up Its Secrets“, The National Geographic Magazine Vol. 104, 6, [1953]. S. 853-870)

1983 entdeckte der Archäologe David Alon zufällig eine Höhle am rechten Ufer des Wadis Nachal Hemar in der Wüste von Judäa. Die Höhle wirkte asymmetrisch. Die Decke wies Risse auf und auf dem Boden verstreut lagen Steinbrocken. Unter den Trümmern fand sich eine erstaunliche Vielfalt an Artefakten und organischen Überresten aus der Jungsteinzeit, darunter mit Asphalt überzogene Schädel, Fragmente von Steinmasken, Messer aus Feuerstein, Seile und Körbe.

Scha'ar HaGolan

Die neolithischen Bewohner der Levante begannen sehr bald, sich in festen Dörfern anzusiedeln. Ihr Überleben sicherten sie mit Ackerbau und Viehzucht. Wenn sie einmal mehr erwirtschafteten, als sie verbrauchen konnten, tauschten sie die Überschüsse gegen exotische Gegenstände. Manche dieser Handelswaren kamen aus bis zu 700 Kilometer entfernten Gegenden: Obsidian (Vulkanglas) aus dem Osten der Türkei und Meeresmuscheln vom Roten Meer. Eines der blühenden Dörfer aus dieser Zeit, dem keramischen Neolithikum des 6. und 5. Jahrtausends v.Chr., lag am Nordufer des Flusses Jarmuk in der Mitte des Jordantals. Seinen Namen verdankt es dem ganz in der Nähe des Ortes gelegenen, modernen Kibbuz Scha'ar HaGolan. Hier hat eine Gruppe von Archäologen drei Wohneinheiten mit Höfen entdeckt, die von schmalen Gassen getrennt wurden. Die Anordnung lässt darauf schließen, dass dieses Dorf nicht willkürlich entstanden ist, sondern mit einem gewissen Maß an vorausschauender Planung. Mit einer Fläche von zwanzig Hektar gehört es zu den größten Dörfern dieser Zeit weltweit. Scha'ar HaGolan entpuppte sich als wahre Fundgrube: Es wurden über dreihundert Kunstgegenstände entdeckt – angefangen von ein paar schematischen Schnitzereien auf Kieseln bis hin zu zahlreichen kleinen Frauenstatuen aus gebranntem Ton, die vermutlich die Große Mutter, die Muttergöttin, darstellen sollen. Einige dieser Objekte sind heute im Metropolitan Museum in New York und dem Louvre in Paris zu sehen.

Eine Steinfigur mit eingeritzten Augen. Rechts: Eine sitzende Frauenstatue aus Scha'ar HaGolan.

Uvdatal (Biq'at Uvda)

Der Tempel im Uvdatal. Auf dem Gelände vor dem Tempel sind die aus Steinen zusammengesetzten Tierdarstellungen zu sehen.

„Kann ein Afrikaner seine Hautfarbe wechseln oder ein Leopard sein geflecktes Fell? Genauso wenig könnt ihr auf einmal Gutes tun, nachdem ihr doch immer nur Böses getan habt." (Jeremia 13,23)

Auf dem Wüstenboden im Uvdatal westlich der Araba-Senke sind sechs Leoparden dargestellt, die eine einzelne Antilope angreifen. In der Nähe befinden sich auch Darstellungen sechs weiterer Tiere, von denen zwei als Leoparden mit Jungen erkannt werden konnten. Bei diesen bemerkenswerten Kunstwerken handelt es sich um Geoglyphen: Figuren, die aus kleinen, in den Wüstensand gesetzten Steinen bestehen. Da sie nur von der Luft aus zu erkennen sind, wurden sie wohl nicht für erdgebundene Wesen geschaffen, sondern um die Götter zu erfreuen oder zu besänftigen. Vermutlich stammen sie aus der gleichen Zeit wie der in der Nähe ausgegrabene Tempel, der auf das späte 6. Jahrtausend v.Chr. datiert wird.

Die im Sinai lebende Leopardenart *Panthera pardus jarvisi* wurde in zahlreichen Bibelversen erwähnt (z.B. Habakuk 1,8; Hosea 13,7). Sie galt als ausgestorben, bis 1974 ein Exemplar in den Felsen rund um die am Toten Meer gelegene Oase En-Gedi gesichtet wurde. Der Leopard galt in manchen Teilen des Nahen Ostens als heiliges Tier. Bei Ausgrabungen in der neolithischen Fundstätte im türkischen Çatal Hüyük entdeckte man Wandmalereien, die den Leopardenkult darstellten.

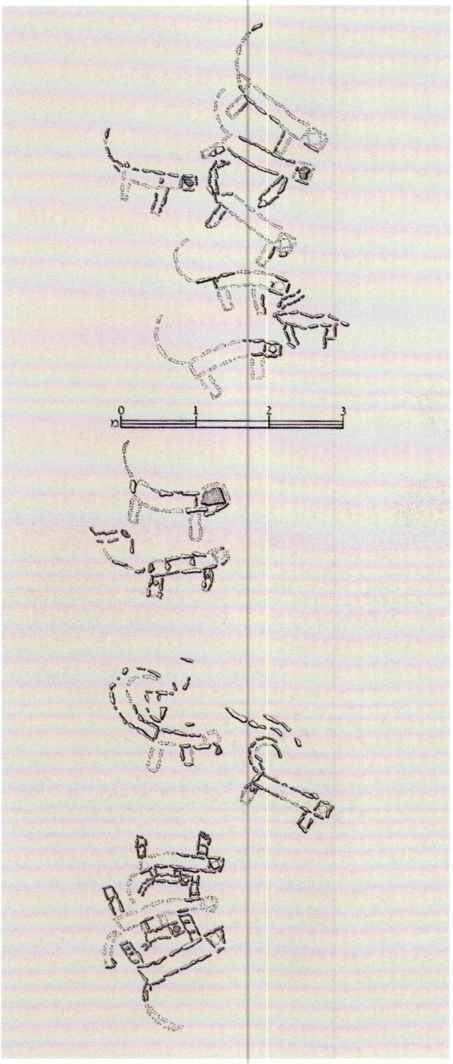

Eine gezeichnete Darstellung der Geoglyphen.

Eine weitere Fundstätte im Uvdatal. Hier wurden geschlossene Räume entdeckt.

En-Gedi

Hoch in den Bergen, unweit der En-Gedi-Quelle, entdeckten Archäologen in den 1950er-Jahren die Überreste eines Steingebäudes, das von einer Mauer mit einem kleinen Tor umgeben war. Hoch oben auf einer natürlichen Bergterrasse gelegen, mit einem herrlichen Ausblick auf die En-Gedi-Oase und das in der Sonne gleißende Tote Meer im Osten, war dies ein perfekter Ort für ein Heiligtum.

Es war also keine Überraschung, dass die Ausgrabungen dort die Überreste eines Tempels aus dem 4. Jahrtausend v.Chr. zutage brachten. In dem Gebäude wurden Tonwaren, Tierknochen und Asche gefunden, sowie die Tonfigur eines Bullen mit einem Fass auf dem Rücken. Es kann gut sein, dass die Kultgegenstände aus diesem Tempel in der nahegelegenen Höhle im Nachal Mischmar-Tal versteckt wurden. Dort fand man die erstaunliche Anzahl von 442 unterschiedlichen Gegenständen aus Kupfer, Hämatit, Stein und Elfenbein (von Nilpferden und Elefanten). Im Hof des En-Gedi-Tempels wurde eine kreisförmige Anlage entdeckt, die nach aktuellen Vermutungen dazu diente, den unteren Teil eines Baumstamms zu schützen. Heilige Bäume waren über viele Zeitalter Teil der Religionen im Nahen Osten und werden auch im Alten Testament erwähnt.

„Wenn ihr die Völker vertreibt, die dort leben, dann zerstört alle Heiligtümer, an denen sie ihre Götter verehrt haben, bis auf den Grund – auf den hohen Bergen und Hügeln und unter jedem dicht belaubten Baum.“ (5. Mose 12,2)

Ein tönerner Bulle aus dem Heiligtum
und ein Kupfertopf in Form eines Korbs aus dem Hortfund im Nachal Mischmar.

Unten rechts: Schrein aus der Kupfersteinzeit auf einem Felsen über der Oase En-Gedi. Oben: Nahaufnahme der runden Kreisanlage im Hof des Heiligtums.

Auf dieser Seite und auf der gegenüberliegenden Seite unten rechts:
Die geheimnisvollen, konzentrischen Steinkreise von Ruim el-Hiri.

Einer der Dolmen, die auf den Golanhöhen gefunden wurden.

Ruim el-Hiri

Jeder liebt Geheimnisse – und der großartige Megalithkomplex Ruim el-Hiri (der arabische Name bedeutet „Steinhaufen der Wildkatze") scheint noch aus dem Zeitalter der Götter zu stammen. Er liegt auf dem Golanplateau und besteht aus konzentrischen Steinkreisen, von denen der äußerste einen Durchmesser von 156 Metern aufweist. Die einzelnen Ringe sind an manchen Stellen mit kurzen, strahlenförmig angelegten Mauern verbunden.

Radikale Anhänger eines heliozentrischen Diffusionismus wie G. Elliot Smith hielten diese Megalithkomplexe Anfang des 20. Jahrhunderts für Schöpfungen einer Überrasse von „Sonnenkindern", die sich von Ägypten aus nach Europa ausbreiteten. Heute wissen wir, dass Theorien dieser Ausprägung (Ägypten als „Wiege der Kultur") nicht haltbar sind, doch die Faszination für Megalithen und Steinzirkel sowie für deren Entstehungsgeschichte hält bis heute an. Die wissenschaftliche Erforschung ist immer noch in vollem Gange. Aktuell hält man die Steinkreise von Ruim el-Hiri für Teile einer Zeremonienstätte aus der frühen Bronzezeit, die dazu dienten, Naturphänomene im Himmel und auf der Erde zu beobachten. Die Monumentalität des Bauwerks spiegelt die Kontrolle und Macht der damaligen Gesellschaft wider, die auch die „geschlossenen" Siedlungen des 3. Jahrhunderts v.Chr. auf den Golanhöhen erbaut hat.

Rund um den Steinkreis von Ruim el-Hiri sind Hunderte von Dolmen angelegt. Der Name Dolmen setzt sich aus den bretonischen Worten *„Dol"* (Tisch) und *„Men"* (Stein) zusammen und bedeutet folglich „Steintisch". Dabei handelt es sich um altertümliche Grabkammern aus unbehauenen, aufrechtstehenden Steinplatten, die für gewöhnlich mehrere Tonnen wiegen und eine einzelne flache Dachplatte tragen. Beisetzungen in Dolmen, Cairns (Steinhaufen) oder Tumuli (Hügelgräbern) waren typisch für die südliche Levante während eines Hauptteils des späten 4. und 3. Jahrtausends v.Chr. Sie sind charakteristisch für Regionen, in denen die Landschaft keine natürlichen Höhlen bietet oder der Steinabbau schwierig ist. Dolmen treten für gewöhnlich in Gruppen (Dolmenfeldern) von bis zu Hunderten von Dolmen auf. Innerhalb der Dolmenfelder gibt es unterschiedliche Arten von Monumenten, was auf eine Hierarchie innerhalb der Völker hinweist, welche die Dolmen nutzten. Es herrscht allgemeiner Konsens, dass die Dolmen einer nicht sesshaften Gesellschaft von Viehzüchtern dienten.

„Wenn wir uns zurückversetzen in die Tage, in denen die kontinuierliche Wiederkehr der Jahreszeiten noch keine Gewissheit war und Zeit noch in Tagen und Nächten gemessen wurde, können wir uns leicht vorstellen, wie die Viehzüchter und die ersten Landwirte voller Sorge darauf warteten, dass die Wintersonne wieder ihren sommerlichen Lauf nehmen würde, und dass sie mit ängstlichem Eifer den Punkt bestimmten, an dem die Sonne ihre südwärts gerichtete Reise am Horizont wieder aufnahm. Vor diesem Hintergrund ist es auch leicht zu verstehen, dass die Menschen damals Monumente bauten, die es in groben Zügen erlaubten, die Bewegung des heiligen Himmelkörpers zu messen …" (C.R. Conder, Heth and Moab. 1883, S. 217-218)

Diese Luftaufnahme der Fundstätte zeigt die Stadt samt dem Festungswall mit seinen zwei halbrunden, vorspringenden Türmen. In der Mitte rechts im Bild sind die Wasserstelle und im Hintergrund die Zitadelle aus der Eisenzeit zu erkennen.

Die Entstehung der ersten Städte

In der frühen Bronzezeit (3. Jahrtausend v.Chr.) entstanden im Alten Israel erstmalig vollständig entwickelte Städte mit massiven Festungsmauern und Stadttoren, mit voneinander getrennten Wohn-, Handwerks- und Kaufmannsvierteln, Verwaltungsgebäuden, Palästen, Tempeln, Lagerhäusern und öffentlicher Wasserversorgung. Warum die urbane Entwicklung gerade in dieser Zeit voranging, ist noch unklar. Was wir wissen ist jedoch, dass die Städte im Vergleich zu den früheren Dörfern immer größer und dichter bebaut wurden. Zudem scheinen die Städte viel politische Macht über das Umland ausgeübt zu haben. Das erlaubte ihnen, von den überschüssigen Agrarprodukten – vor allem Olivenöl und Weizen – zu profitieren. Dass zu dieser Zeit die Zahl der Siedlungen abnahm, bedeutet nicht, dass die Bevölkerung geschrumpft wäre, sondern ist ein Hinweis darauf, dass mehr Menschen vom Land in die aufblühenden Städte Kanaans zogen. Das führte letztendlich dazu, dass sich unter den einzelnen Dörfern ein Unterschied in Status und Funktion herausbildete – je nachdem, inwieweit die Dörfer den jeweiligen Stadtstaaten tributpflichtig waren und in welcher Entfernung sie von den Straßen lagen, die zu den Märkten führten. Alle administrativen und landwirtschaftlichen Angelegenheiten wurden direkt durch die Herrscher der Städte und deren Beamte geregelt.

Eine auf der Fundstätte entdeckte Tonscherbe, in die das Wappen des Narmer eingeritzt wurde.

Arad

Das im Osten der Negev-Wüste gelegene Arad ist ein hervorragendes Beispiel für eine große, befestigte Stadt aus der frühen Bronzezeit. In dieser sorgfältig geplanten Siedlung sind die einzelnen Stadtviertel durch Straßen voneinander getrennt. Es gab dort Heiligtümer (bei einem wurde eine Stele gefunden, auf der Gottheiten oder Gläubige mit nach oben gereckten Armen dargestellt sind) sowie öffentliche Gebäude und Paläste und ein Wasserversorgungssystem (mit einer Tiefe von mindestens 15 Metern). Außerdem war die Stadt von einem massiven Festungswall mit zwei vorspringenden, halbrunden Türmen umgeben.

Die Häuser zeichneten sich durch eine standardisierte Raumaufteilung mit einem fensterlosen Breitraum und zwei Nebenräumen („Arad-Haus") aus, wobei der Eingangsbereich an der längeren Hausseite lag. Bei den Ausgrabungen wurden aus Ägypten importierte Tongefäße gefunden. Es gab aber auch große Mengen von vor Ort bemalter und geglätteter Keramik, die in dieser Art auch in den Gräbern aus der 1. Dynastie in Abydos gefunden wurde. Auf einer der in Tell Arad entdeckten Tonscherben war auch der Horusname des Königs Narmer, also das Wappen mit dem Heiligen Falken, eingeritzt. In der Wissenschaft wird noch diskutiert, ob Narmer der letzte König der prädynastischen Zeit oder der erste König der 1. Dynastie war, doch die Tonscherbe ist auf jeden Fall ein wichtiger Hinweis auf die zeitgleiche Entwicklung in Ägypten und Kanaan.

„Ich vermute, dass nicht einfach das Erreichen eines bestimmten technischen Niveaus ausschlaggebend für die Entstehung der Städte war, sondern die Urbanisierung vielmehr aus einem zentralisierten politischen System resultierte, das oft auch als ‚Staat' bezeichnet wird. Natürlich ist ein relativ hohes Maß an Produktivität notwendig, bevor eine zentrale politische Kontrolle überhaupt möglich ist, doch fortschrittliche Techniken werden nur für sich genommen und ohne den Anreiz durch eine staatliche Organisation nicht zu einer Urbanisierung führen."

(Robert F. Heizer, American Antiquity 26 [1960]. S. 215-222)

Antikes Tonmodell eines typischen „Arad-Hauses".

Oben und unten links: Die weitläufige Fundstätte mit den Überresten der Stadt Jarmut aus der frühen Bronzezeit. Oben: Eines der an der Fundstätte freigelegten Gebäude im Vordergrund. Unten rechts: Eine möglicherweise kultische Frauenfigur.

Jarmut

Die Wahrscheinlichkeit ist hoch, dass es sich bei dieser Fundstätte um die kanaanitische Stadt Yaramu handelt, die auf einer Tontafel aus dem 14. Jahrhundert v.Chr. erwähnt wird. Piram, einer der Könige von Yaramu, kämpfte und starb in einer Schlacht während des Kriegs der Amoriter gegen Gibeon (Josua 10,3-5.23; 12,11). Doch ihre Hochphase erlebte die Stadt schon sehr viel früher in der frühen Bronzezeit (3. Jahrtausend v.Chr.). Mit einer Fläche von 36 Acres (fast 15 Hektar) war Yaramu wohl ein ausgesprochen wichtiger Ort im Zentrum der Schefela-Ebene. Bei den Ausgrabungen der Unterstadt stieß man auf eine atemberaubende Monumentalarchitektur, die unter den archäologischen Funden aus dieser Zeit ihresgleichen sucht. Zu den Entdeckungen gehörten unter anderem eine massive Festungsanlage mit einem versetzten Tor, Heiligtümer (von denen eines als das „weiße Gebäude“ bekannt ist) und Paläste. Zahlreiche große und geräumige Gebäude lassen erahnen, dass die Bewohner ein Leben in Wohlstand führten.

Aschkelon

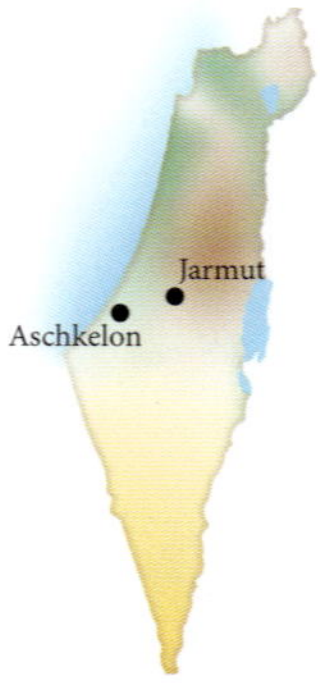

Das an der Mittelmeerküste gelegene Aschkelon gilt als älteste und wichtigste archäologische Stätte im Heiligen Land – und das zu Recht. Der antike Siedlungshügel gehört heute zu einem Nationalpark, den die Israelis gerne besuchen, um auf den grünen Hügeln zu picknicken oder um an den angrenzenden Sandstränden die Sonne zu genießen. Gleichzeitig finden sich dort archäologische Überreste aus fast jedem Zeitalter: vom vorgeschichtlichen Israel bis in osmanische Zeiten. Aschkelon blickt auf eine faszinierende Geschichte zurück. In den altägyptischen Ächtungstexten aus dem 19. Jahrhundert v.Chr. trägt der Ort den Namen Ascanu. Eine Zeit lang war die Siedlung ein kanaanitischer Stadtstaat unter ägyptischem Einfluss, dessen Einnahme durch Ramses II. sehr lebendig auf einem Relief im ägyptischen Karnak-Tempel dargestellt ist. Im Alten Testament wird der Ort als eine der fünf Fürstenstädte der Philister bezeichnet (Josua 13,3).

Die erste Person, die Ausgrabungen in Aschkelon vornahm, war die exzentrische Lady Hester Stanhope, eine englische Abenteurerin, die sich im Nahen Osten von Beduinenstämmen als „Königin der Wüste" feiern ließ. Im Jahr 1814 suchte sie dort nach verborgenen Schätzen. Als sie stattdessen auf eine römische Statue stieß, schlug sie diese in Stücke und warf sie ins Meer. Auch bei späteren wissenschaftlichen Ausgrabungen kamen noch keine prähistorischen Funde zutage. Allerdings entdeckte man Festungsanlagen aus der mittleren Bronzezeit, darunter auch ein Stadttor, dessen monumentale Bögen zu den bislang ältesten gehören, die im Nahen Osten aus der Zeit um 2 000 v. Chr. gefunden wurden. Das aus Lehmziegeln erbaute Tor bestand aus einem schmalen, von Türmen flankierten Durchgang. Außerdem fanden Archäologen einen Schrein, der wohl aus der gleichen Epoche wie Tor und Festungsanlage stammt. Er wurde von den Ausgräbern als „Heiligtum des Silbernen Kalbs" bezeichnet, da dort eine mit Silber überzogene Bronzestatue eines Kalbes gefunden wurde.

Eine Gruppe von Kultfiguren,
deren Gestaltung sichtlich von der ägyptischen Kunst beeinflusst wurde.

Auszüge aus dem Text der ägyptischen Merenptah-Stele (13. Jh. v.Chr.): „… Tehenu ist verwüstet, Hatti ist in Frieden. Kanaan ist geplündert mit allem Übel, Aschkalon ist weggeführt, Gezer ist gefangen, Jenoam vernichtet; Israel ist verwüstet, sein Same ist nicht (mehr) da, Hurru wurde zur Witwe wegen Ägypten. Alle Länder sind zusammen in Frieden. Die umhergingen, sind unterworfen vom König … Merenptah."

(Zitiert nach Rienecker/Maier/Schick/Wendel, Lexikon zur Bibel, 5. Aufl. 2021, S. 796)

Das Stadttor aus der mittleren Bronzezeit zum Zeitpunkt der Ausgrabung (oben)
und nach dem Bau eines Schutzdachs (unten).

„Am siebten Tag, vor Sonnenuntergang, kamen die Männer der Stadt mit der Antwort zu Simson: ‚Was ist süßer als Honig? Was ist stärker als ein Löwe?' Simson antwortete: ‚Wenn ihr nicht mit meiner Kuh gepflügt hättet, hättet ihr die Lösung meines Rätsels nie gefunden!' Da kam der Geist des Herrn über ihn, und er ging hinunter in die Stadt Aschkelon, erschlug dort 30 Männer, nahm ihnen die Kleider weg und gab sie den Männern, die sein Rätsel gelöst hatten. Dann kehrte er wütend zum Haus seines Vaters zurück." (Richter 14,18-19)

Der bedeutende landwirtschaftliche Geser-Kalender aus dem 10. Jahrhundert v.Chr.

Geser

In den ägyptischen Aufzeichnungen von Thutmosis III. und IV. aus dem 15. Jahrhundert v.Chr. wird Geser als herausragender Ort erwähnt. Es ist daher nicht überraschend, dass der irische Archäologe R.A.S. Macalister bei seinen Ausgrabungen dort auf Überreste einer Stadt aus der mittleren Bronzezeit stieß, die aus dieser Epoche datieren. Zu seinen Entdeckungen gehörte auch eine geheimnisvolle Reihe von zehn aufrechtstehenden Monolithen, die den biblischen Gedenksteinen, wie die Israeliten sie zur Erinnerung an ihren Gott aufstellten, ähneln und von denen Archäologen annehmen, dass sie zu einer heiligen „Kulthöhe" gehörten.

Geser liegt strategisch günstig und überblickt die Kreuzung der Via Maris (Meeresstraße) mit der Hauptverkehrsstraße, die von Geser aus zum Tal Ajalon führt, wo Josua Sonne und Mond stillstehen ließ (Josua 10,12-13). Dass es sich bei dem Siedlungshügel tatsächlich um Geser und nicht um irgendeine andere Siedlung handelt, wird durch den arabischen Namen für diesen Ort, Tell el-Jezer, bestätigt.

Auch die in der Nähe entdeckten Grenzsteine aus römischer Zeit bekräftigen dies. Dort steht auf Griechisch und Hebräisch eingehauen, dass es sich hier um *„Tehum Gezer"* (das Gebiet von Geser) handelt. Außerdem ist dort auch der Name des Grundbesitzers, Alkios, vermerkt.

Geser ist für seine gut erhaltenen Festungswälle und Tore bekannt, von denen eines auf die Zeit König Salomos (10. Jahrhundert v.Chr.) datiert wird, auch wenn manche Archäologen sich für ein etwas späteres Datum aussprechen. Einer der wichtigen Funde während Macalisters Ausgrabungen im Jahr 1908 war der sogenannte „Geser-Kalender": Die Kalksteintafel aus dem späten 10. Jahrhundert v.Chr. enthält Informationen über das landwirtschaftliche Jahr und zeugt vom harten Leben der Bauern in biblischen Zeiten.

Im Folgenden ein Auszug aus dem Geser-Kalender aus dem 10. Jahrhundert v.Chr.: „Zwei Monate davon (ist die Zeit) des Einbringens […]; zwei Monate davon (ist) Saat(zeit) […]; zwei Monate davon (ist) Spätsaat […]; ein Monat davon (ist) Flachsschnitt […]; ein Monat davon (ist) Getreideschnitt […]; ein Monat davon (ist) Schnitt und Abmessen […]; zwei Monate davon (sind) Weinlese […]; ein Monat davon (ist Ernte der) Sommerfrucht […]."

(Michael Rohde, Schätze der biblischen Zeit. 50 archäologische Entdeckungen rund um die Bibel, Holzgerlingen: SCM R.Brockhaus. 2018, S. 147)

Die Kulthöhe bei Geser mit ihren berühmten aufrechtstehenden Steinsäulen. Im Vordergrund die verschwommene Aufnahme eines Fahrradfahrers auf dem angrenzenden Weg.

Stein mit der Inschrift „Gebiet [o. Grenze] von Geser".
Links: Ein aus Gold gefertigtes Artefakt von der Fundstätte.

„Die Ergebnisse unserer Untersuchungen [in dem Gebiet rund um die aufrechtstehenden Steinsäulen] waren so vielversprechend, dass wir beschlossen, sämtliche Arbeiter von dem östlichen Hügel, an dem sie gerade arbeiteten, abzuziehen und rund um die stehenden Steine einzusetzen. Nördlich und südlich der Steine wurden große Gräben für die Ausgrabungen gezogen, um eine ausreichende Fläche um sie herum freizulegen … Es dauerte nicht lange, bis die charakteristischen Überreste der mittlerweile so berühmten Kulthöhe nach und nach zutage kamen. Innerhalb von zwei Wochen waren sämtliche Steine freigelegt und die beiden übriggebliebenen nördlichsten, die umgefallen waren, wieder aufgerichtet." (R.A.S. Macalister, The Excavation of Gezer, Vol. I, 1912, S. 51)

Afek

Der von einer osmanischen Festung beherrschte Siedlungshügel Tell Afek bildete den Mittelpunkt eines Archäologieprojekts der Universität von Tel Aviv. Bei den Ausgrabungsarbeiten stieß man auf bedeutende Überreste von Palästen aus der mittleren und späten Bronzezeit (2. Jahrtausend v.Chr.). Das besondere Interesse der Archäologen galt einem Palast aus der späten Bronzezeit. Zu dem großen Gebäude gehörte neben zahlreichen Räumen auch ein Treppenturm. Über diesen Turm konnte man die Gemächer im oberen Stock erreichen, in denen die Herrscher von Afek lebten. Um das Hauptgebäude des Palastes herum gruppierten sich Gerichts- und Amtsgebäude. Die Funde zahlreicher Traubenkerne und Weinpressen sind ein sicheres Indiz dafür, dass die Herrscher Afeks (und vielleicht auch ihre Diener) Wein in großen Mengen genossen haben.

Ein weiterer spannender und unerwarteter Fund in den Ruinen des gegen Ende des 13. Jahrhunderts v.Chr. zerstörten Palastes bestand aus zahlreichen ägyptischen, hethitischen und akkadischen Dokumenten aus Ton, darunter ein sumerisch-akkadisches Wörterbuch und ein Fragment eines dreisprachigen Wörterbuchs – Sumerisch-Akkadisch-Kanaanitisch –, des bislang einzig bekannten mehrsprachigen Dokuments, das auch kanaanitische Wörter umfasst.

Das osmanische Fort bei Afek (oben) und eine der Grabungsstätten.

„In den Trümmern des oberen Stockwerks des Regierungspalastes fand man neben Alltagsgegenständen auch eine beachtliche Anzahl schriftlicher Dokumente. Eine seltene und wertvolle Entdeckung für die archäologische Erforschung des biblischen Israels. Die Dokumente waren in unterschiedlichen Teilen des Palastes zerstreut, ein Teil davon befand sich sogar unter den Trümmern, die außerhalb des Befestigungswalls gefunden wurden.“

(M. Kochavi, Aphek–Antipatris: Five Thousand Years of Histor. 1989, S. 69)

Jerische

In der mittleren Bronzezeit wurden die antiken Siedlungen in Israel mit massiven Schutzwällen aus Erde oder Stein umgeben. Das führte dazu, dass sie aus ihrer natürlichen Umgebung hervorstachen und ihre Form ab diesem Zeitpunkt fast vollständig festgelegt war. Eine dieser Siedlungen war das im Norden Tel Avivs unweit des Zusammenflusses von Jarkon und Ajalon gelegene Tell Jerische. Neben den Festungsanlagen kam bei den Ausgrabungen auch ein eindrucksvolles Wasserversorgungssystem zutage, das aus einem runden Schacht bestand, in dem eine Treppe zum Wasser hinabführte. Heute ist die Siedlung dicht von modernen Wohnanlagen umgeben, doch aufgrund ihres denkmalgeschützten Status dürfen weder auf dem Siedlungshügel noch auf dessen Hängen neue Gebäude errichtet werden.

Der von modernen Gebäuden umdrängte Siedlungshügel Tell Jerische.

Bislang wurden in Israel 91 Tafeln und Objekte mit Keilschrift gefunden, von denen manche aus den bronzezeitlichen Städten Kanaans (wie z.B. Afek) oder aus Philisterstädten stammen. Außerdem fand man Inschriften aus den Königreichen Juda und Israel.

Zwei Tafeln mit Keilschrift und ein geprägtes hethitisches Siegel (links) aus Afek.

Diese Seite und gegenüberliegende Seite oben rechts: Siedlungshügel Bet-Schean. Auf dem Bild auf dieser Seite sind unten die Überreste einer antiken Brücke zu sehen, die bei Ausgrabungen gefunden wurden.

Bet-Schean

Im Hof des spätbronzezeitlichen Tempels bei Bet-Schean gab es einen bemerkenswerten Fund: Die umgestürzte und in zwei Teile geborstene Statue eines ägyptischen Pharaos. Es stellte sich heraus, dass es sich dabei um eine aus schwarzem Basalt gehauene Darstellung im ländlichen Stil von Ramses III. handelte. Eine ungewöhnliche Entdeckung auf einer israelischen Grabungsstätte. Doch es sollte noch weitere bemerkenswerte Entdeckungen geben: Später stieß man noch auf eine Stele von Ramses II. und eine weitere von Seti I. Die Archäologen nehmen an, dass es sich dabei um Überreste von Artefakten aus früheren Schichten der Ausgrabungsstätte handelt, die vielleicht bei der Verwüstung Bet-Scheans im späten 12. Jahrhundert v.Chr. zerstört und dort im Hof entsorgt wurden. Die „große“ Stele von Seti I. stammt zum Beispiel aus dem 13. Jahrhundert v.Chr. und gibt Zeugnis von der erfolgreichen Niederschlagung eines lokalen Aufstands im nördlichen Jordantal durch drei ägyptische Militäreinheiten. Auf der Stele werden verschiedene Orte benannt, darunter Pella, Rehob Jenoam und natürlich auch Bet-Schean. Die „kleine“ Stele von Seti I. beschreibt einen Militäreinsatz gegen die *„Habiru“* (Vagabunden) im Hügelland.

All diese Artefakte zeugen von der herausragenden Bedeutung von Bet-Schean als ägyptischem Verwaltungszentrum im Norden des Landes während der 19. Dynastie. Laut Altem Testament lebten in Bet-Schean später Philister, zumindest bis zur Zeit von König David. Hier soll der enthauptete Körper des besiegten Königs Saul an der Stadtmauer zur Schau gestellt worden sein. Bislang konnten Archäologen jedoch noch keine Hinweise auf eine Besetzung der Siedlung durch die Philister finden.

Statue von Ramses III. und eine der Stelen von Seti I. aus dem 14. Jahrhundert v. Chr.

„Doch als die Einwohner von Jabesch in Gilead hörten, was die Philister Saul angetan hatten, marschierten ihre Krieger die ganze Nacht durch nach Bet-Schean. Dort holten sie die Leichen Sauls und seiner Söhne von der Mauer herunter. Sie brachten sie nach Jabesch und verbrannten sie dort.“ (1. Samuel 31,11-12)

Blick auf Tell Hazor, einen der größten altertümlichen Siedlungshügel in Israel, und die fruchtbaren Ebenen im darunterliegenden Tal. Unten: Steinsäulen aus der Eisenzeit.

Hazor

Obwohl er schon seit einigen Jahren danach sucht, hat Amnon Ben-Tor, der Grabungsleiter der Ausgrabungen in Hazor, die verborgenen Archive mit Dokumenten aus Ton aus der mittleren und späten Bronzezeit noch nicht entdeckt. „Bislang sind wir auf ein oder zwei Fragmente von Keilschrift-Tafeln gestoßen", berichtet Ben-Tor, „und das zeigt uns, dass hier tatsächlich irgendwo ein ‚Nest' sein muss, auch wenn wir es noch nicht gefunden haben." Im Zentrum des Grabungsabschnitts A am höchsten Punkt der Oberstadt, der Akropolis, haben kürzlich Ausgrabungen ein gut erhaltenes, imposantes Verwaltungsgebäude oder einen Palast im Hilani-Stil aus der späten Bronzezeit zutage gebracht. Die Gebäudemauern bestehen aus soliden Lehmziegeln und Zedernstämmen, die auf einem Fundament von massiven, glatt geschliffenen Basaltblöcken (Orthostaten) ruhen. Man weiß, dass dieses Gebäude zwischen 1270 und 1250 v.Chr. zerstört wurde, unklar ist jedoch, von wem. Gewissheit gibt es erst wieder darüber, dass die später dort siedelnden Israeliten über den Ruinen der Stadt einfachste Steinhäuser bauten und unerklärlicherweise in allen Ecken und Winkeln kreisförmige „Müllhalden" anlegten.

Tell Hazor gehört zu den größten von Menschenhand angelegten Hügeln in Israel. Im Alten Testament wird der Ort in dem Bericht über die Eroberungen Josuas erwähnt (Josua 11,10-13) und zusammen mit Megiddo und Geser als eine der von Salomo angelegten königlichen Städte benannt (1. Könige 9,15). In den 1950er-Jahren führte der berühmte israelische General, Politiker und Archäologe Yigael Yadin Grabungen in Hazor durch, die Amnon Ben-Tor seit 1990 wieder aufgenommen hat. In einem der Grabungsabschnitte in Hazor brachten Yadins Ausgrabungen eine beachtliche Reihe von übereinanderliegenden Heiligtümern aus dem 14. und 13. Jahrhundert v.Chr. zutage, in denen zahlreiche aufrecht stehende Steine (Stelen) gefunden wurden. Auf einem davon sind Hände abgebildet, die sich nach einer Mondsichel ausstrecken. Außerdem fand er eine Löwenstatue und die Statue eines Menschen.

„Es war eindeutig ein Miniaturheiligtum: Die Statue war winzig, die Stelen waren winzig. Aber wir waren so überwältigt und aufgeregt, dass sie uns riesig erschienen … Als wir dann vor und unter der Statue weiter in die Tiefe drangen, fanden wir den Statuenkopf, der perfekt auf den Torso passte …"
(Y. Yadin, Hazor: The Rediscovery of a Great Citadel of the Bible, 1975, S. 43)

Stelen aus der späten Bronzezeit und Statue eines sitzenden Mannes.
Rechts: Die Akropolis von Hazor mit der Unterstadt im Hintergrund.

Das Kupferminengebiet im Timna-Tal mit einem kreisrunden Felsausschnitt im Vordergrund.

Timna

Zu Füßen der rötlichen Felsen im brütend heißen Timna-Tal nördlich der neuzeitlichen Stadt Eilat haben Archäologen 1969 mitten in einem alten Kupferminengebiet die Überreste eines ägyptischen Heiligtums entdeckt. Manche bezeichneten die Kupferminen fälschlicherweise als „Minen des Königs Salomo", tatsächlich aber waren es die Ägypter, die in dieser Region vom 14.-12. Jahrhundert v.Chr. Kupfer abbauten. Ihre Bergwerksarbeiten brachten sie in Kontakt mit den Kanaanitern Palästinas und den sagenumwobenen Midianitern der arabischen Halbinsel. In dem kleinen Tempel befand sich eine Steinbank für die Opfergaben und an einer Wand standen Stelen. Auf einer Seite einer rechteckigen Säule waren Bilder der ägyptischen Göttin Hathor eingemeißelt. In seinen letzten Tagen wurde das Gebäude wohl nicht durch ein festes Dach, sondern durch ein Zelt geschützt. Bei den Ausgrabungen kamen Tausende einzigartiger Objekte und Schnitzereien zutage, viele von großer Schönheit. Die erste Objektgruppe umfasste auch ägyptische Artefakte, manche davon mit Hieroglypheninschriften, sowie Königskartuschen aus der 19. und 20. Dynastie. Die zweite Gruppe bestand aus lokal gefertigten Objekten und einer bestimmten Art bemalter Keramik, wahrscheinlich midianitischen Ursprungs. Zu den aus Kupfer gefertigten Objekten gehörte auch die kleine Statue eines Gottes mit Phallus sowie eine faszinierende Schlange, die die Gläubigen wohl zur Sünde verführen sollte, mit vergoldetem Kopf. Der Archäologe Beno Rothenberg hatte ursprünglich nur zwei Wochen für die Grabungsarbeiten eingeplant, doch wegen der spektakulären Funde verlängerte er die Arbeiten am Tempel auf zwei Monate und entdeckte dabei an die 10 000 Objekte, darunter auch Hunderte winziger Perlen, hauchzarte Keramik aus Stein, Glas- und Holzobjekte und sogar verwitterten Stoff.

„Da kamen midianitische Männer vorüber, Händler, und sie zogen ihn heraus und holten Josef aus der Zisterne herauf. Und sie verkauften Josef an die Ismaeliter für zwanzig Silberschekel. Und sie brachten Josef nach Ägypten." (1. Mose 37,28)

Oben rechts: In weißen Sandstein gehauene Darstellung der ägyptischen Göttin Hathor. Unten: Eine Tierfigur aus Kupfer.

Der Hathor-Tempel
am Fuß der Felsen.

Drei verzierte midianitische Keramiktöpfe.

Teil 2:

DIE ISRAELITEN TRETEN IN ERSCHEINUNG

„Das Folgende ist der Bericht über die Fronarbeiter, die König Salomo verpflichtete, um das Haus des Herrn, den königlichen Palast, den Millo, die Stadtmauer von Jerusalem und die Städte Hazor, Megiddo und Geser zu bauen." (1. Könige 9,15)

Unter Wissenschaftlern wird immer noch heiß diskutiert, von woher die Israeliten kamen und wie es ihnen gelang, sich in dem Land, das wir heute als Israel kennen, dauerhaft niederzulassen. Die biblische Überlieferung (4. Mose 33,3-15) besagt, dass Mose das Volk Israel aus der ägyptischen Sklaverei befreite und dieser Auszug sie an den Berg Sinai und vierzig Jahre durch die Wüste Sinai führte, bis das Volk dann endlich unter der Führung von Josua, dem Sohn des Nun, in das Land, „in dem Milch und Honig fließen", gelangte und die dortigen Städte eroberte.

Die archäologischen Zeugnisse erzählen eine etwas andere Geschichte. Sie verweisen auf eine gewisse Kontinuität der kulturellen Traditionen der frühen Eisenzeit und der vorangegangenen späten Bronzezeit, auch wenn ganz klar größere Veränderungen hinsichtlich der Siedlungsmuster zu erkennen sind – vor allem in den Höhenregionen des Landes. Die Siedlungen der frühen Eisenzeit (ab ca. 1 200 v.Chr.) waren einfach gestaltet und bestanden aus kleinen Steingebäuden, Ställen und ein paar landwirtschaftlichen Terrassen. In der Regel waren sie unbefestigt.

Fest steht, dass ab dem 10. oder 9. Jahrhundert v.Chr., in der Zeit des vereinigten Königreichs, die Entstehung von Städten beobachtet werden konnte, die alle Charakteristika eines ausgereiften Stadtstaats trugen: große Tore, massive Festungswälle, beeindruckende Säulengebäude, öffentliche Lagerhallen und Wasserversorgungssysteme. Manche Wissenschaftler denken, dass der Entstehungsprozess dieser Stadtstaaten in den Berichten über den Bau der königlichen Städte Hazor, Megiddo und Geser unter Salomo im 1. Buch der Könige (1. Könige 9) beschrieben wird.

Eine nachdenkliche Gottheit aus Qitmit.

Oben: Die Akropolis von 'Ai vor dem Hintergrund der sanften Hügel. Unten: Die Grundmauern eines Tempels aus der frühen Bronzezeit.

'Ai (at-Tall)

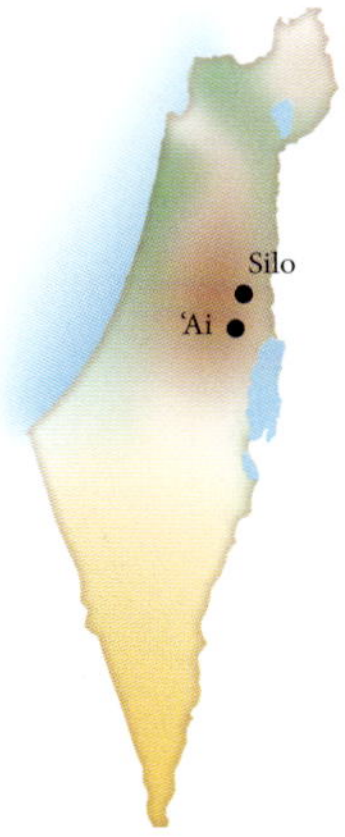

„'Ai wurde von einer Frau ausgegraben." Mit diesen Worten eröffnete der Archäologe Shmuel Yeivin seinen Vortrag über die Arbeiten an der Fundstätte at-Tall, als er in den 1960er-Jahren London besuchte. Die Zuhörer zeigten sich amüsiert. Yeivin war natürlich mit der Fundstätte vollständig vertraut, hatte er doch von 1933-35 zusammen mit der französischen Archäologin Judith Marquet-Krause dort gearbeitet. Die Beobachtungen und Schlussfolgerungen der exzellenten Archäologin wurden bei den neuen Ausgrabungsarbeiten von J. Callaway im Jahr 1964 bestätigt.

Während ihrer Arbeiten an der Fundstätte at-Tall, die als die biblische Stadt 'Ai identifiziert wurde (Josua 8,1-29), brachte Marquet-Krause bedeutende Überreste einer ausgesprochen großen Stadt aus der frühen Bronzezeit (3. Jahrtausend v.Chr.) ans Tageslicht, darunter einige große Bauwerke wie zum Beispiel einen Tempel und Festungsanlagen.

Allerdings entdeckte man keine Siedlung aus der späten Bronzezeit, was Zweifel an der Korrektheit der biblischen Berichte aufkommen ließ, nach denen Josua 'Ai niedergebrannt haben soll.

Auf jeden Fall wurde die Unterstadt im frühen Eisenzeitalter verlassen, was sich auch in dem hebräischen Namen „Ai" widerspiegelt, der „Ruine" bedeutet. Stattdessen entstand im Nordosten ein sehr kleines Dorf auf einer Bergterrasse unter der Akropolis.

Silo

Der Hügel von Silo war mit Tausenden von Steinen aus frühen Siedlungen bedeckt. Diese Steine wurden in späteren Zeiten in Haufen geschichtet und zum Bau von Grenz- oder Wegmauern verwendet. Das von den Steinen befreite Land konnten die Bauern nun mehr oder weniger erfolgreich bebauen. Bei ihren Bemühungen, dem Boden die überlebensnotwendige Nahrung zu entringen, stießen die Bauern in der Erde alltäglich auf Zeugnisse aus der Vergangenheit: Mauersegmente alter Siedlungen, Tonscherben, Kellerräume, Gräber und andere Bauten. Immerhin pflügten sie dort, wo sich einst das legendäre Silo befunden hatte, das die Araber Khirbet Sailūn nennen. Der biblischen Überlieferung nach wurde dort die Bundeslade aufbewahrt (Josua 18,1; 1. Samuel 1,3), bevor die Philister sie in der Schlacht bei Afek erbeuteten (1. Samuel 4).

Blick auf die Grabungsstätten von Silo inmitten der landwirtschaftlich genutzten Flächen.

Die archäologischen Funde an der Grabungsstätte weisen darauf hin, dass Silo in der frühen Eisenzeit aus mehreren Siedlungen, Höfen, Pfahlbauten und landwirtschaftlichen Lagerräumen bestand. Auch die für diese Zeit typischen Krüge mit Halswulst wurden gefunden. Es gab wahrscheinlich auch ein Heiligtum auf der Hügelkuppe, doch ist diese der Witterung so stark ausgesetzt, dass uns die Funde dort keinen Hinweis auf dessen Aussehen erlauben. Wahrscheinlich werden wir nie erfahren, ob es sich dabei um ein festes Gebäude handelte (1. Samuel 3,15) oder um eine Stelle für einen tragbaren Schrein (2. Samuel 7,6).

„Josua brannte Ai nieder, weshalb es bis heute in Trümmern liegt. Den König von Ai ließ Josua an einem Baum erhängen, wo er bis zum Abend blieb.
Bei Sonnenuntergang nahmen die Israeliten den Leichnam ab und warfen ihn vor das Stadttor. Sie errichteten einen großen Steinhaufen über ihm, der bis heute dort liegt.“
(Josua 8,28-29)

Eine typische landwirtschaftliche Terrasse am Hang eines Hügels.

Terrassenlandwirtschaft: Dicht gedrängte Terrassen prägen die Hänge in den Höhenregionen Israels. Sie wurden angelegt, um mehr bebaubares Land zu gewinnen, denn die Flusstäler sind schmal und nicht sehr zahlreich. Die ersten Terrassen stammen bereits aus den Anfängen der frühen Bronzezeit, doch ein groß angelegter Ausbau erfolgte wahrscheinlich erst ab dem 8. Jahrhundert v.Chr. Die meisten der heute noch bestehenden Terrassen wurden in der Zeit des Römischen und Byzantinischen Reichs angelegt und werden bis heute gepflegt.

Artefakte von philistäischen Fundstätten: Eine sitzende Figur (im „aschdodischen“ Stil), ein Kultständer aus Aschdod (oben links) und ein assyrisches Gefäß aus Batasch (oben rechts).

Die Welt der Philister

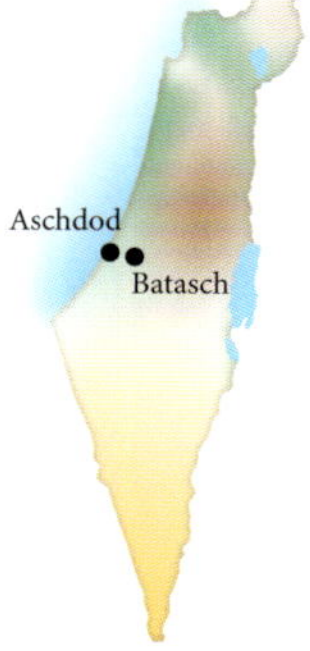

Entgegen ihrem Ruf waren die Philister nicht einfach nur eine Bande von Banausen. Im Gegenteil: Archäologische Funde zeigen, dass sie ausgesprochen kultiviert und fortschrittlich waren. In den biblischen Texten werden die Philister als die Erzfeinde der Israeliten dargestellt. In ägyptischen Texten auf den Mauern des Medinet Habu-Tempels in Theben aus der Zeit von Ramses III. (ca. 1185 v.Chr.) finden sie als *„Peleset“* Erwähnung. Sie gehörten zu den sogenannten Seevölkern (einer ausgesprochen interessanten Koalition aus Völkern, die vermutlich aus einer Völkerwanderung Anfang des ersten Jahrtausends v.Chr. entstanden ist, die in ägyptischen Quellen mehrfach erwähnt wird). Die Philister besiedelten die südlichen Grenzen der Levante (Josua 13,3; 1. Samuel 6,17) unweit der Mittelmeerküste. Ihre urbane Kultur konzentrierte sich in fünf größeren Städten (Pentapolis): Gaza, Aschdod, Aschkelon, Ekron (Tell Miqne) und Gat (Tell es-Safi). Wichtige Funde philistäischer Ruinen gab es bei Tell Qasile und Tell Batasch (Timna?). Bald bereicherten fremde (z.B. ägyptische oder zypriotische) und lokale kanaanitische Einflüsse die charakteristische materielle Kultur der Philister, die auf ägäische Ursprünge zurückgingen. In Ekron (Tell Miqne) und Gat (Tell es-Safi) sowie in Aschkelon und Aschdod wurden zahlreiche Überreste des philistäischen Königreichs gefunden, das zeitgleich mit dem israelitischen Königreich in der Eisenzeit (1 200-586 v.Chr.) bestand.

Oben und unten: Die Siedlungshügel Batasch und Aschdod.

„In jener Zeit gab es im ganzen Land Israel keinen Schmied; denn die Philister befürchteten, die Schmiede könnten Schwerter und Speere für die Hebräer anfertigen. Deshalb mussten die Israeliten zu den Philistern gehen, wenn sie ihre Pflugscharen, Spaten, Beile oder Sicheln schärfen lassen wollten. Das Schärfen einer Pflugschar, eines Spatens, eines Beils oder eines Ochsenstachels kostete einen zwei Drittel Silberschekel."

(1. Samuel 13,19-21)

Ekron (Tell Miqne)

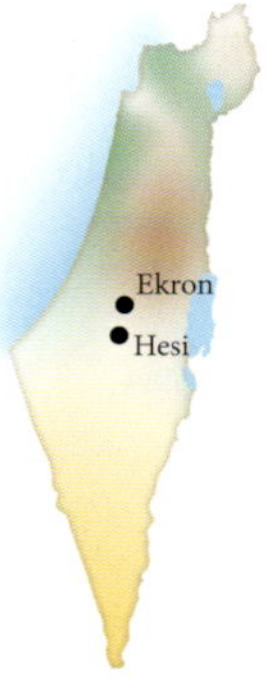

Im Sommer 1996 wurde der endgültige Beweis dafür gefunden, dass es sich bei Tell Miqne (Khirbat el-Muqanna) tatsächlich um die philistäische Stadt Ekron handelt: Damals entdeckten Archäologen bei ihren Ausgrabungen an der Stätte einen einzelnen Steinblock mit vier Zeilen in semitischer Schrift. Besucher, die am Tag nach dem Fund zu der Grabungsstätte kamen, konnten die allgemeine Aufregung dort förmlich mit den Händen greifen. Immer noch umschwirrten Arbeiter die Stelle, an der die Entdeckung gemacht worden war – auch wenn man die Inschrift schon längst nach Jerusalem geschafft hatte. Dort sollte sie sicher aufbewahrt und untersucht werden. Als die Wissenschaftler den Stein endlich vor sich liegen hatten, stellten sie fest, dass es sich bei den Zeilen um eine wichtige königliche Weiheinschrift aus dem zweiten Viertel des 7. Jahrhunderts v.Chr. handelte. Sie bezieht sich auf zwei Könige von Ekron, die Erbauer des Tempels, die auch in den neuassyrischen Annalen erwähnt werden: Padi und sein Sohn Ikausu. Besonders wichtig war jedoch, dass die Fundstätte dank dieser Inschrift endgültig als Ekron identifiziert werden konnte.

Der große, befestigte Siedlungshügel im Südwesten Jerusalems liegt im ehemaligen Grenzgebiet zwischen dem Land der Philister und Juda. Bei ihren Ausgrabungen in den Jahren 1981-1996 gelang es Trude Dothan und Seymour Gitin, Licht in die faszinierende Geschichte des Ortes zu bringen: Die philistäische Stadt war im zweiten Viertel des 12. Jahrhunderts v.Chr. gegründet und im 10. Jahrhundert v.Chr. durch Ägypter oder Israeliten zerstört worden. Nach 701 v.Chr. erblühte der Ort wieder als eine der Vasallenstädte der Assyrer. Im 7. Jahrhundert erreichte Ekron den Höhepunkt seines wirtschaftlichen Wachstums und wurde zum damals größten Zentrum für die industrielle Massenproduktion von Olivenöl.

Eine der zahlreichen Ölpressen mit Becken, Balken und Gewichten, die in Ekron gefunden wurde. Mittleres Bild: Die königliche Weiheinschrift, in der die beiden Könige von Ekron erwähnt werden.

Genau an dieser Stelle wurde die Inschrift gefunden.

In ägyptischem Stil gefertigte Figur einer Frau, die mit einer Hand ihre Brust umfasst, eine Geste, die symbolisch für Fruchtbarkeit steht.

Hesi

Tell el-Hesi ist der erste von Menschenhand erschaffene Siedlungshügel, bei dessen Ausgrabung stratigrafisch vorgegangen wurde. Die Arbeiten begannen im Jahr 1890 unter der Leitung von William Matthew Flinders-Petrie, dem Vater der nahöstlichen Archäologie. Sein Assistent, Frederick Jones Bliss, führte die Grabungen dann von 1891-1892 systematisch fort. Während Petrie kleine Abschnitte an unterschiedlichen Stellen der Fundstätte untersuchte, ging Bliss anders vor: Er legte einen großen Abschnitt im Nordosten des Haupthügels frei. Dieser tiefe Einschnitt bildet auch heute noch ein augenfälliges Merkmal der Fundstätte, besonders, wenn man diese von der Luft aus betrachtet. Der im Nordosten von Gaza gelegene Hügel war mehr oder weniger von der Jungsteinzeit an bis in die Zeiten des Osmanischen Reichs besiedelt.
In der Eisenzeit diente der Ort als Militär- und Verwaltungszentrum an der Grenze des judäischen Königreichs.

Links: Blick auf den Hügel „der vielen Städte" mit dem tiefen Schnitt, den Bliss in den Hang gegraben hat. Unten: Aktuelle Ausgrabungen durch amerikanische Archäologen an der anderen Hangseite.

Frederick J. Bliss beschreibt auf lebhafte (und rassistisch anmutende) Art, wie einer seiner Arbeiter mit dem Namen Salami nach einem Abendessen im Ramadan bei Tell el-Hesi tanzt: „Mit einem Schwert in seiner Hand und einem ihm um die Schultern flatternden Mantel, schlich sich dieser abstoßende Kerl wie ein wildes Waldtier an. Er bewegte sich gebückt vor die Reihe der Tanzenden, gestikulierte mit seinem Schwert und hockte sich vor die Tänzer. Doch plötzlich stürzte er sich vor und stieß mit dem Schwert nach ihnen. Dann zog er sich wieder zurück, fiel auf seine Kniee und wiegte sich vor und zurück. Immer noch auf den Knien, rutschte er wieder auf sie zu, zog sich erneut zurück und stieß dabei unablässig gutturale Schreie aus."

(F. J. Bliss, A Mound of Many Cities, or Tell el Hesy Excavated, 1894, S. 181)

Qasile

Diese bedeutende philistäische Fundstätte liegt am nördlichen Rand des modernen Tel Avivs an den Ufern des heute stark verschmutzten Flusses Jarkon. Die von den Philistern gegründete Siedlung, die durch den Fluss für Schiffe erreichbar war, lebte wahrscheinlich vom Seehandel. Das Gelände rund um den Fluss war wohl sumpfig, denn die Ausgrabungen brachten auch eine beachtliche Anzahl von Nilpferdknochen zutage. Die Siedlung war mit Plan angelegt: Die Häuser waren an Straßen entlang aufgereiht. In einem Teil der Fundstätte wurden bemerkenswert viele Schreine und darin eine große Zahl schöner und einzigartiger Kultobjekte entdeckt.

Die Fundstätte Tell Qasile ist heute Teil des Eretz Israel-Museums (Museum des Landes Israel) in der Nähe von Tel Aviv.

In den 1940ern wurde in Tell Qasile eine Tonscherbe mit althebräischer Beschriftung gefunden. Darauf stand: „Gold aus Ofir im Eigentum von Bet-Horon, 30 Schekel." Es kann gut sein, dass sich diese Inschrift auf das Ofir bezieht, aus dem Salomo 420 Talente Gold erhalten hat (1. Könige 9,28). Wissenschaftler sind sich noch uneins, wo das in der Bibel erwähnte Ofir gelegen hat. Manche vermuten es in Ostafrika, insbesondere im Sudan, andere sind der Meinung, es könne sich um einen im fernen Südarabien gelegenen Ort handeln.

Oben: Ein Rhyton (Trinkhorn) aus Keramik, das unten mit einem Tierkopf verziert ist. Mitte: Schüssel in Form eines Schwans. Unten: Kultständer in Form eines Menschen.

Lage des „Gat der Philister" an der Fundstätte Tell es-Safi.

Safi

Im ausklingenden 19. Jahrhundert begannen britische Forscher mit den ersten Ausgrabungen bei Tell es-Safi (Tell Zafit). Viele vermuten, dass diese faszinierende archäologische Fundstätte der Ort ist, an dem einst das „Gat der Philister" gelegen hat. Nach israelitischer Überlieferung war Gat eine Hochburg der *Anakim* („Riesen"), der rafaitischen Krieger, von denen Goliat der berühmteste war (1. Samuel 17,4.23). Bei Tell es-Safi wurden die Überreste einer der ältesten Belagerungswerke weltweit gefunden. Archäologen vermuten, dass es sich dabei um die Festung handelt, die König Hasaël von Aram bei seiner Belagerung von Gat um 800 v.Chr. angriff (2. Könige 12,18) und dort Zerstörung anrichtete. Ausgrabungen an der Stätte im Jahr 2005 brachten einen außergewöhnlichen Fund zutage: Eine Tonscherbe aus dem 10. oder frühen 9. Jahrhundert v.Chr., auf der die nicht-semitischen Namen *Alwt* und *Wlt* in protosinaitischer Schrift standen. Etymologisch gesehen könnte es sich dabei um indoeuropäischen Namen handeln. Forscher vermuteten, dass auch der nicht-semitische Name „Goliat" indoeuropäischen Ursprungs sein könnte und schlussfolgerten, dass der Name Goliat oder ähnliche Namen unter der Bevölkerung von Gat hundert Jahre nach der Königsherrschaft Davids (gemäß der biblischen Chronologie) weit verbreitet waren.

Ein kreisförmiges Bauwerk, das bei den Ausgrabungen entdeckt wurde.

„Während er mit ihnen sprach, sah er, wie Goliat, der Philister aus Gat, aus den Reihen der Philister als einzelner Krieger hervortrat und wieder wie zuvor die gleichen Worte sagte, sodass es David hörte. Sobald die Israeliten ihn erblickten, liefen sie vor Angst davon."

(1. Samuel 17,23-24)

Oben: Tonscherbe, auf der vermutlich der Name „Goliat" steht.
Rechts: Ein Kultständer.

Der antike Siedlungshügel Tell Dan mit seinen eisenzeitlichen Festungsanlagen und Toren

„… eine Massebe [Anm.: Steinsäule] kann vier unterschiedliche Funktionen haben: Sie kann erstens als Erinnerungsstein für eine verstorbene Person dienen, zweitens die rechtliche Beziehung zwischen zwei oder mehr Personen festlegen, drittens als Gedenkstein an ein bestimmtes Ereignis erinnern bzw. ganz speziell die an diesem Ereignis beteiligten Personen rühmen und ehren und viertens einen Kultort kennzeichnen, an dem eine bestimmte Gottheit gefunden werden kann bzw. den genauen Ort, an dem Anbetung und Opfergabe die Gottheit erreichen. Dabei muss man im Hinterkopf behalten, dass ein einzelner Stein oft mehrere dieser Funktionen gleichzeitig innehatte.“

(Carl F. Graesser, „Standing Stones in Ancient Palestine“, Biblical Archaeologist 35, 1972, S. 37)

Unten links: Die bedeutende Inschrift aus dem 9. Jahrhundert v.Chr., die direkt vor den Toren Dans gefunden wurde, erwähnt das „Haus Davids“.

Eine bemerkenswerte mykenische Vase aus dem 14. Jahrhundert v.Chr., die bei den Ausgrabungen entdeckt wurde.

Städte des Nordreichs: Dan und Betsaida

Während der Eisenzeit gab es im Norden des Landes zahlreiche Städte, darunter Hazor, Dan und Betsaida, die sich durch massive Festungsanlagen, Tore, öffentliche Gebäude und Industrieviertel auszeichneten. Zu den bedeutendsten Funden bei den Ausgrabungen in Betsaida gehörte eine Toranlage, neben der eine bemerkenswerte Stele entdeckt wurde. In die Stele ist das Bild einer gehörnten Figur mit einem Dolch im Gürtel eingemeißelt. Zahlreiche archäologische Funde von außerordentlicher Bedeutung gab es vor allem bei dem an der Jordanquelle gelegenen Dan. Unter anderem entdeckte man dort eine zweisprachige Weiheinschrift in Griechisch und Aramäisch, die dem „Gott in Dan" gewidmet ist. So konnte Tell el-Qadi als das biblische Dan identifiziert werden (1. Könige 12,29). Später wurden in der Nähe des Stadttors auch Bruchteile einer Stele aus dem 9. Jahrhundert v.Chr. entdeckt. Diese trug eine aramäische Inschrift, in der vom „Haus Davids" die Rede ist. Zur Toranlage gehörte unter anderem ein mit Steinen gepflasterter Platz, der von Mauern umgeben war, an denen aufrechte Steine (Masseben) lehnten. Welchen Sinn die Masseben hatten, ist jedoch umstritten. Offensichtlich erfüllten sie einen Zweck für die Menschen, die das Tor durchschritten. Möglicherweise hatten sie kultische Funktion oder dienten als Denkmäler. Zu den zahlreichen Artefakten, die in einem der freigelegten Gräber gefunden wurden, gehört auch eine wunderschöne mykenische Vase aus dem 14. Jahrhundert v.Chr., auf der ein Wagen mit einem Pferd abgebildet ist.

Links: Der Siedlungshügel von Betsaida. In der Ferne ist der See Genezareth zu sehen.
Unten: Die Stele mit dem gehörnten Gott, die neben dem Tor von Betsaida gefunden wurde.

Der von Bäumen umgebene Siedlungshügel Tell Keisan.

Keisan

Der von allen Seiten von Bäumen umgebene Siedlungshügel Tell Keisan gehört zu den größten altertümlichen Siedlungshügeln in der Akko-Ebene. Er lag auf der Verbindungslinie zwischen der Hafenstadt Akko und den im Binnenland gelegenen Handelsplätzen für Weizen und andere landwirtschaftliche Produkte. Im Altertum war der Ort von fruchtbarem Sumpfland umgeben, das von Großwild und zahlreichen Wildvögeln bevölkert war. Während der Eisenzeit verarmte die Stadt. Ob dafür König Hiram verantwortlich war? In der Bibel erfahren wir, dass Hiram unzufrieden mit den Städten in der Region rund um Keisan war, die ihm König Salomo geschenkt hatte. (1. Könige 9,11-13).

Jokne‘am

Tell Jokne‘am thront an der belebten Kreuzung zweier viel befahrener Straßen in der Jesreel-Ebene. Während die Autofahrer an der Ampel warten, fragen sie sich wahrscheinlich, was es mit diesem Hügel auf sich hat. Ausgrabungen der Hebräischen Universität brachten die übereinandergeschichteten Überreste von Städten aus der mittleren und späten Bronzezeit sowie der Eisenzeit zutage. Auf dem Hügel wurde ein imposantes Festungssystem mit Gewölben gefunden, das aus dem 10./9. Jahrhundert v.Chr. stammt. Parallel zu der Stadtmauer mit Wohnhäusern verlief eine Straße. Das Alte Testament berichtet, dass der König von Jokne‘am einer der 31 Könige war, die Josua besiegte (Josua 12,22; 19,11). Während der Zeit der Kreuzzüge wurde der Ort interessanterweise als Caymont oder Mons Cain (Kainsberg) bezeichnet, da Lamech der Überlieferung nach dort Kain getötet hat.

Die weißen Bereiche auf dem Siedlungshügel Rehob sind die Ausgrabungsstätten. In der Ferne ist die neuzeitliche Stadt Bet-Schean zu erkennen.

Der Siedlungshügel neben der heutigen Stadt Jokne'am.

Rehob

Ein Rollsiegel aus Rehob, auf dem ein betender Mensch abgebildet ist.

Tell Rehob ist ein gut sichtbarer Siedlungshügel im Jordantal, südlich von Bet-Schean und weist mehrere Ausgrabungsbereiche im oberen und unteren Abschnitt auf. Wie ein Archäologe einmal treffend bemerkte, ähnelt der Hügel von der Straße aus einem „riesigen Wal, der aus dem Ozean emporsteigt". In den letzten Jahren wurden dort beachtenswerte Arbeiten geleistet, doch weil der Hügel so riesig ist, wirkt es aus der Luft betrachtet so, als hätten die Forscher gerade einmal an der Oberfläche gekratzt. Bei den Ausgrabungen kamen Überreste aus der späten Bronzezeit und der Eisenzeit zutage, darunter Gebäude, Festungsanlagen und zahlreiche Artefakte. Der Name Rehob hat semitische Wurzeln und bezeichnet einen breiten, weitläufigen Platz (wie z.B. eine Straße). Die Stadt wurde sowohl auf der in Bet-Schean gefundenen Stele von Seti I. erwähnt als auch in der Ortsnamensliste des ägyptischen Herrschers Schischak. Unweit des Siedlungshügels, im Nordwesten, direkt neben der Autobahn, fand man eine Synagoge aus dem 4.-7. Jahrhundert n.Chr. und auf einem ihrer Mosaikfußböden die mit 29 Zeilen längste jemals entdeckte hebräische Inschrift.

Vier verzierte Elfenbeinobjekte von der Grabungsstätte.

Megiddo

Es ist kaum vorstellbar, dass hier der Ort Harmagedon (Offenbarung 16,16) sein soll, wo sich eines Tages die Herrscher der Welt zur letzten Schlacht zwischen den Kräften des Bösen und dem Wort Gottes versammeln werden.

Diese liebliche, von üppigem Grün umgebene Fundstätte in der fruchtbaren Jesreel-Ebene, in der bei meinem Besuch die Ähren der riesigen Weizenfelder im Wind wehten, ist nur schwer mit einem so gewalttätigen und überwältigenden Ereignis wie dem Weltende in Einklang zu bringen. Der Name Harmagedon setzt sich aus dem hebräischen Wort für Hügel bzw. Berg (har) und dem Namen der alten Stadt Megiddo zusammen.

In der Bibel wird Megiddo an verschiedenen Stellen erwähnt (Josua 17,11; Sacharja 12,11). Laut Hesekiel (Kapitel 38) soll hier die letzte Schlacht zwischen Gog und Magog stattfinden.

An der Fundstätte gab es in den 1920er- und 1930er-Jahren zahlreiche Grabungskampagnen amerikanischer Archäologen. Die dabei freigelegten Schichten aus der frühen und mittleren Bronzezeit sowie der Eisenzeit erlauben heutigen Besuchern tiefe Einblicke in die Geschichte.

Besucher können die Stadt durch eine Toranlage betreten und von dort aus den Hügel erklimmen, der einen Ausblick auf die Stätte und das angrenzende Tal bietet. Ihr Weg führt sie vorbei an den steinernen Ruinen von mutmaßlichen Pferdeställen aus der Zeit Salomos. In der tiefen Grabungsstelle lassen sich die Ruinen großräumiger Tempel aus der frühen Bronzezeit ausmachen. Auf einer Seite ist ein großer, in Stufen angelegter Rundaltar zu sehen. Weiter oben auf dem Siedlungshügel findet sich eine riesige, kreisrunde und mit Stein eingefasste Grube, die wahrscheinlich als öffentliches Getreidesilo genutzt wurde. Das Wasserversorgungssystem auf der anderen Seite des Hügels kann über eine steile Treppe erreicht werden. Die Stufen waren ursprünglich in die Wände eines senkrecht in den Felsen geschlagenen Schachts gehauen worden, über den man einen unterirdischen, horizontal verlaufenden Tunnel erreichte, der zu einer Frischwasserstelle führte. Die Fundstätte und ihr Wasserversorgungssystem gelangten zu Berühmtheit, da sie den Autor James Michener zu seinem Bestseller *„Die Quelle“* inspirierten.

Heute finden hier wieder archäologische Arbeiten statt, diesmal von Forschern der Universität von Tel Aviv. In den heißen Sommermonaten kann man beobachten, wie die Grabungsteams eifrig ihre Schaufeln und Spitzhacken schwingen und den geschichtsträchtigen Boden bearbeiten.

Hinter dem Siedlungshügel von Megiddo erstreckt sich die Harmagedon-Ebene. Die große Vertiefung im Bildvordergrund ist der Eingang zu dem großen Wasserversorgungssystem.

„Und ich sah drei böse Geister, die wie Frösche aussahen, aus dem Mund des Drachen, des Tieres und des falschen Propheten springen […] Und die bösen Geister versammelten alle Herrscher und ihre Heere an einem Ort, der auf Hebräisch Harmagedon genannt wird.“ (Offenbarung 16,13+16)

Samaria und die Jesreel-Ebene

Der Hügel von Samaria: Auf der Hügelkuppe ist die Akropolis zu sehen, unten links im Bild erkennt man die Ruinen der Stadttortürme, zwischen denen die später entstandene Säulenstraße hindurchführt.

Hier sieht man die Akropolis und die Stelle, an der einst der Palast der israelitischen Könige gestanden hat.

Samaria

König Omri machte Samaria zur Hauptstadt des israelischen Königreichs und ersetzte damit Tirza. Omri hatte den Hügel für zwei Talente Silber von einem Mann namens Schemer gekauft. Im Alten Testament war hier die Wohnstätte der verhassten Isebel, der Frau des Ahab (871-852 v.Chr.), die phönizischer Herkunft gewesen sein soll.
Ausgrabungsarbeiten in den 1930er-Jahren brachten möglicherweise Teile von Ahabs „Elfenbeinpalast" (1. Könige 22,39) zutage, auf den auch Amos mit seinen „Elfenbeinbetten"(Amos 6,4) anspielt. Auf jeden Fall wurden dort zahlreiche Fragmente von Elfenbeintafeln gefunden, die als Verzierungen in den Räumen gedient hatten. Die auf den Tafeln eingeschnitzten Bilder scheinen von phönizischen und ägyptischen Einflüssen geprägt zu sein. Auf der Hügelkuppe entdeckten Archäologen ein großes Gebäude in einer rechteckigen Einfassung. Dabei könnte es sich um den Palast der israelitischen Könige handeln.

„Deshalb werde ich, der Herr, die Stadt Samaria vollständig zerstören, sodass sie einem Weinberg gleicht. Die Trümmersteine werde ich ins Tal hinunterrollen und die Stadt bis auf die Fundamente niederreißen." (Micha 1,6a)

Tirza

Bis König Omri (882-871 v.Chr.) es durch Samaria ersetzte, war Tirza die Hauptstadt des nördlichen Königreichs Israel (1. Könige 16,23-24). Mittlerweile konnte das weit im Norden von Nablus gelegene Tell el-Farah als Tirza identifiziert werden.
Archäologen fanden an der Grabungsstätte die Überreste alter Siedlungen aus der frühen und mittleren Bronze- und der Eisenzeit. Gemeinsam mit Jerusalem wird Tirza im Hohelied wegen seiner außerordentlichen Schönheit besungen, die ihm die Könige Israels verliehen haben (Hoheslied 6,4). 732 v.Chr. wurde die Stadt von den Assyrern zerstört.

Blick auf die von französischen Archäologen freigelegten Überreste Tirzas. Links im Bild ist der Verlauf der Stadtmauer zu sehen.

„Schön bist du, meine Freundin, so wie Tirza, wunderbar wie Jerusalem, herrlich wie ein mächtiges Kriegsheer!“
(Hoheslied 6,4)

Dotan

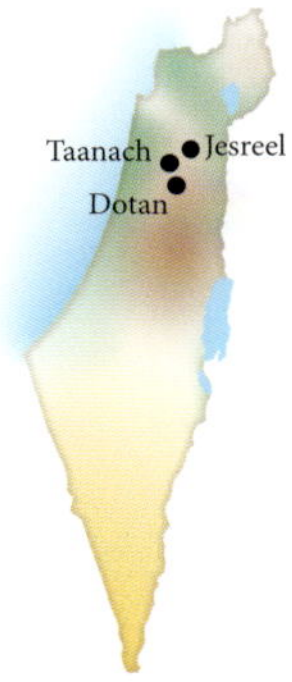

Dotan, das auf einem Hügel über einem fruchtbaren Tal unweit von Nablus thront, ist der Schauplatz der Josefsgeschichte. Es ist der Ort, an dem Josef auf seine Brüder traf und sie ihn grausam in die Zisterne warfen (1. Mose 37,17). Bei Ausgrabungen in den 1950er- und 1960er-Jahren wurden Festungsanlagen und andere Überreste aus der frühen und späten Bronzezeit entdeckt. Dabei stieß man auch auf ein schauerliches Massengrab mit an die hundert Toten. Die meisten Funde stammen allerdings aus der Eisenzeit – unter anderem eine Straße und ein paar Gebäude mit Brennöfen und Vorratsräumen. Nahe der Fundstelle eines Ziegelbrennofens fanden Archäologen einen zerbrochenen Ziegel, auf dem ein Hufabdruck zu erkennen war. Vermutlich hatte sich eine streunende Ziege in die Ziegelbrennerei verlaufen.
Ein Teilnehmer an den Ausgrabungen am Tell Dotan in den 1960er-Jahren beschrieb die Methoden, mit denen sie dort arbeiteten, und die Schwierigkeiten, auf die sie dort stießen. Er merkte an, dass ein gerütteltes Maß an Humor und gutem Willen bei den Ausgrabungen ausgesprochen hilfreich gewesen sei. Manchmal auch ein bisschen Gesang: „Einer aus unserem Team begann jeden Morgen mit einem Lied (zumindest nannte er es so!).“ Eine besonders bemerkenswerte Entdeckung an der Fundstätte war ein großes Gefäß, ein Krater zum Mischen von Wasser und Wein, aus der Eisenzeit mit mehreren Griffen und Tierverzierungen. Die auf der Fundstätte verstreuten Kraterscherben wurden wie bei einem Puzzle zur ursprünglichen Form zusammengesetzt. Vermutlich haben die Entdecker dieses außergewöhnlichen Fundes Freudensprünge vollführt.

Ausgrabungsgebiet auf dem Siedlungshügel von Dotan.

Die bei den Ausgrabungen in Jesreel entdeckte Festungsanlage aus der Eisenzeit.

Jesreel

In den 1990er-Jahren unternahm ein Team aus britischen und israelischen Archäologen Ausgrabungen auf dem Siedlungshügel im östlichen Teil der Jesreel-Ebene. Bei ihren Arbeiten in der Nähe des Ruinendorfes Zerin entdeckten sie eine große Einfriedung aus der Eisenzeit mit Festungsmauern, die von einem in den Felsen gehauenen Graben umgeben waren. Es kann gut sein, dass Omri oder Ahab diese Anlage erbauen ließen. Die Stätte wurde vermutlich gegen Ende der Regierungszeit des Königs Joram im Jahr 842 v.Chr. zerstört.

Eine Aufnahme der Fundstätte aus dem Jahr 1894.

Eine Ausgrabungsstätte mit eindrucksvollen Ruinen.
Links: Dieser große Krater mit mehreren Griffen und Tierverzierungen stammt aus der Eisenzeit und wurde in Dotan gefunden.

„In Dotan arbeiteten wir mit ungefähr 35 Mann an drei Ausgrabungsstätten. In jedem Team gab es zwei Personen, die eine entsprechende Anleitung erhalten hatten. Einer davon arbeitete vorsichtig mit einer Spitzhacke, sobald ein Artefakt gesichtet wurde, während der andere unter den aufmerksamen Blicken des Teamleiters grub, der darauf achtete, dass er ja nichts mit seiner ‚Schaufel' beschädigte. Ein anderer ‚schaufelte' die Erde in Körbe, die vom Rest des Teams zur entsprechenden Entsorgungsstelle geschleppt wurden. Bevor die Erde jedoch in den ‚gufa' (einen aus alten Reifen hergestellten Korb) gefüllt wurde, stellte der Teamleiter sicher, dass keine kleinen Objekte, wie zum Beispiel Münzen oder Perlen, mitentsorgt wurden."

(Robert T. Boyd, A Pictorial Guide to Biblical Archaeology, 1969, S. 44)

Taanach

Fast am südlichen Ende der Jesreel-Ebene liegt Taanach (arabisch Ti'inik). An der Fundstätte in der Nähe des Wadi Ara-Passes wurden vielfältige archäologische Relikte entdeckt, darunter einige bedeutende Tafeln mit Keilschrift. In der Bibel erfahren wir, dass Taanach zur Zeit Josuas, als sich die Israeliten kontinuierlich in dem Gebiet ausbreiteten, bis zu der entscheidenden Schlacht von Debora und Barak in kanaanitischer Hand blieb (Richter 5,19).

Wunderschöner, mit Löwen und mythischen Wesen verzierter Kultständer aus der frühen Eisenzeit, der an dieser Fundstätte entdeckt wurde.

Der Siedlungshügel von Dor. Im Hintergrund die südliche Bucht und die Häuser des Kibbuz Nachscholim (links im Bild).

Dor

An einem Ende des Siedlungshügels Tell Dor (Tantura; Khirbet el-Burdsch) blickte einst ein hoher Turm auf das Mittelmeer, der zur Kreuzfahrerburg Merle gehörte. Als Korporal Henry Phillips die Fundstätte im Jahr 1866 besuchte, konnte er noch ein Foto des stolzen Wahrzeichens aufnehmen. Mittlerweile ist der Turm völlig zerfallen und es sind nur noch Trümmer zu sehen. Doch die Archäologen, die in den frühen 1920er-Jahren und später ab den 1980ern mit Teams der Hebräischen Universität dort arbeiteten, waren nicht wirklich an den Überresten aus der Kreuzfahrerzeit interessiert. Sie suchten auf dem ca. zwölf Hektar (30 Acres) großen Siedlungshügel nach sehr viel älteren Überresten, besonders nach Spuren der nördlichen „Seevölker", wie den Sikelern oder Tjekern, die im frühen 12. Jahrhundert v. Chr. in Dor (Duru) und anderen Teilen der Scharon-Ebene gelebt haben sollen. Die Forscher mussten sich durch viele übereinander gelagerte Schichten aus persischer, hellenistischer und römischer Zeit graben, aber letztendlich war die Suche erfolgreich. In den Berichten über seine Reisen zur Karmelküste und nach Phönizien um das Jahr 1 070 v.Chr. beschreibt der ägyptische Seefahrer Wenamun zunächst, wie er mit seinem Schiff in Dor anlegt und anschließend seine Wut, als er feststellt, dass ihm dort sein Gold und Silber geraubt wurde

„… bis vor Kurzem gab es so gut wie keine handfesten archäologischen Beweise für die nördlichen ‚Seevölker', sodass sich beinahe alle Forschungsarbeiten über die ‚Seevölker' fast ausschließlich auf die Philister beziehen und die anderen dazugehörigen Völker darin nur nebenbei erwähnt werden …"

(Ayelet Gilboa, „Sea Peoples and Phoenicians along the Southern Phoenician Coast" Bulletin of the American Schools of Oriental Research 337, 2005, S. 49)

Eine der Ausgrabungsstätten mit persischen und hellenistischen Festungsanlagen. Unten: Ein Keramikgefäß mit den Gesichtszügen eines Afrikaners, das bei den Ausgrabungen gefunden wurde.

Auszug aus dem Reisebericht des Wenamun: „Ich erreichte Dor, eine Stadt der Tjeker, und der dortige Fürst, Bedjer, ließ mir 50 Laib Brot, ein Fass Wein und eine Ochsenkeule bringen. Einer meiner Mannschaft floh bei dieser Gelegenheit mit einem [Gefäß] voller Gold im Wert von fünf Deben, vier Gefäßen voller Silber im Wert von 20 Deben und einem Sack mit elf Deben Silber … Als ich am nächsten Morgen aufstand, ging ich zum Fürsten und sagte zu ihm: ‚Ich wurde in Eurem Hafen ausgeraubt. Da dies Euer Gebiet ist, müsst Ihr den Dieb ausfindig machen … Und er sagte zu mir: ‚Egal wie wichtig Ihr auch sein mögt – ich erkenne diese Anschuldigung nicht an! Wäre ein Dieb aus meinem Gebiet auf Euer Schiff gestiegen und hätte Euer Silber gestohlen, so hätte ich es aus meinen eigenen Schätzen zurückerstattet, bis der Dieb gefasst worden wäre – egal, um wen es sich dabei gehandelt hätte. Doch der Dieb, der Euch bestohlen hat, unterstand Euch! Er gehörte zu Eurer Mannschaft! Ihr könnt gerne für einige Tage mein Gast sein, damit ich nach ihm suchen kann.'"

(J. B. Pritchard (Hrsg.), The Ancient Near East. Vol. I: An Anthology of Text and Pictures. 1973, S. 17-18. Deben ist eine ägyptische Gewichtseinheit; ein Gold-Deben entsprach zur Zeit Wenamuns 91 Gramm.)

Links: Die sechszeilige Siloah-Inschrift, die sich heute im Archäologischen Museum von Istanbul befindet.
Oben: Stempelabdrücke, die bei Ausgrabungen in der Davidstadt gefunden wurden.

Jerusalem und die Davidstadt

Der älteste besiedelte Teil Jerusalems, den wir heute als Davidstadt kennen, liegt auf einem unscheinbaren Hügel, an dessen östlichen Ausläufern die Gihon-Quelle entspringt. Bereits in der Jungsteinzeit zog die reich sprudelnde Wasserquelle die Menschen an und erste Siedlungen entstanden. In der mittleren Bronzezeit wurde die Quelle durch massive Türme aus riesigen Steinplatten geschützt. Wer sich damals Jerusalem näherte, war sicherlich beeindruckt, wenn er unterhalb der kleinen Siedlung die Zitadelle mit den hoch aufragenden Türmen entdeckte. Als König David und sein treuer Heerführer Joab sich nach biblischer Überlieferung der Stadt näherten, um sie von den Jebusitern zu erobern, waren diese Türme wahrscheinlich schon zu Ruinen zerfallen. Doch vielleicht hatten die Jebusiter das frühere Wasserversorgungssystem wiederhergestellt und die Männer Davids waren darüber in die Stadt gelangt – dem Spott der Verteidiger zum Trotz, die gehöhnt hatten, selbst Lahme und Blinde könnten einen Angriff auf die hoch gelegene Siedlung abwehren (2. Samuel 5,6-9). Auf jeden Fall wurde Jerusalem danach zur Hauptstadt Israels und Salomo ließ auf dem Berg Moria das Haus des Herrn erbauen (1. Könige 6). Ein bei Ausgrabungen in jüngerer Zeit entdecktes großes Gebäude im nördlichen Teil des Hügels der Davidstadt konnte als Königspalast identifiziert werden.

Im 8. Jahrhundert v.Chr. ließ König Hiskia die Festungsanlagen der Stadt verstärken, da er einen Angriff des assyrischen Königs Sanherib erwartete. Die massiven Befestigungen, darunter die bei Ausgrabungen entdeckte eindrucksvolle „Breite Mauer“ im Jüdischen Viertel, schützten die Stadt bis zu ihrer Zerstörung in den Jahren 587/586 v.Chr. Auch Sanheribs Belagerung im Jahr 701 v.Chr. verlief erfolglos (2. Könige 18,13; 19). Aus der berühmten Siloah-Inschrift erfahren wir, dass König Hiskia nicht nur die Befestigungen verstärkte, sondern auch das Wasserversorgungssystem sanieren ließ (2. Könige 20,20 und 2. Chronik 32,30). Die Inschrift wurde im August 1880 in einem in den Felsen gehauenen Wassertunnel im Süden des Jerusalemer Tempelbergs entdeckt.

In und um Jerusalem wurden zahlreiche wichtige Artefakte gefunden, die vom Leben der Menschen Zeugnis geben, die dort gewohnt hatten, bevor der babylonische König Nebukadnezar die Stadt und den Tempel in den Jahren 586/587 v.Chr. zerstörte.

In einem Felsengrab in Ketef Hinnom im Westen der Stadt fand man zwei Silberrollen, die auf den ersten Blick auch als Zigarettenstummel hätten durchgehen können. Später stellte sich heraus, dass darauf der Aaronitische Segen eingraviert war (4. Mose 6,24-26). Auf dem Osthang der Davidstadt entdeckten Archäologen inmitten der Trümmer, die der babylonische Angriff hinterlassen hatte, eine Gruppe von 51 überall verstreuten Siegelabdrücken (Bullen). Manche davon trugen hebräische Namen wie zum Beispiel „Gemarja, Sohn des Schafan“. Dabei könnte es sich erstaunlicherweise um genau den Schreiber handeln, der im fünften Jahr der Herrschaft König Jojakims, also im Jahr 604 v.Chr., ca. 18 Jahre vor der Zerstörung der Stadt, am Hof tätig war (Jeremia 36,9-12).

Die Ruinen am oberen Rand der Steinstruktur, die in der Davidstadt entdeckt wurde, gehören möglicherweise zu einem Palast aus dem 10. Jahrhundert vor Christus.

Die Davidstadt von Süden aus gesehen mit dem Teich von Siloah im Vordergrund, der zu diesem Zeitpunkt noch nicht freigelegt war (siehe Seite 91).

Zwei Artefakte aus der Eisenzeit – oben ein Zepteraufsatz in Form eines Granatapfels aus dem im Westen Jerusalems gelegenen Stadtviertel Motza; unten eine der Silberrollen mit der Inschrift des Aaronitischen Segens aus einem ebenfalls westlich von Jerusalem gelegenen Grab in Ketef Hinnom.

Die Siloah-Inschrift: „… das Durchbohren. Dies ist die Geschichte des Durchbohrens. Als noch … (die Arbeiter ihre?) Hacken (schwangen?), jeder zu seinem Gefährten hin, und als noch 3 Ellen zu durchbohren waren, (hörte man) die Stimme eines Mannes, der dem andern zurief, denn da war ein Spalt (?) an der rechten Seite … Und am Tag des Durchbruchs begegneten sich die Arbeiter Mann gegen Mann, Hacke gegen Hacke, und das Wasser floss von der Quelle zum Teich, 1 200 Ellen weit, und 100 Ellen war die Dicke des Felsens über den Köpfen der Arbeiter."

(Fritz Rienecker, Gerhard Maier, Alexander Schick, Ulrich Wendel (Hrsg.), Lexikon zur Bibel, Wuppertal: SCM R.Brockhaus in der SCM Verlagsgruppe GmbH, 4. Auflage 2019, S. 1083f)

Der große Siedlungshügel Tell Lachisch und eine kleine benachbarte Siedlung (Moschaw).

Lachisch

1936 machte das Ausgrabungsteam bei Tell ed-Duweir eine erstaunliche Entdeckung: An der als Lachisch identifizierten Fundstätte stieß das von James Leslie Starkey geleitete Team beim Entrümpeln der ausgebrannten Räume des Torhauses im Südwesten des Siedlungshügels auf 18 beschriftete Tonscherben (Ostraka). Heute sind die Ostraka mit der hebräischen Inschrift als „Lachisch-Briefe" bekannt. Sie wurden von einem Untergebenen geschrieben und sind an „meinen Herrn Ja'usch" gerichtet. Dieser war anscheinend der Herrscher von Lachisch kurz vor der Zerstörung der Stadt durch die Babylonier in den Jahren 587/586 v.Chr. Vermutlich war der Untergebene zu dem Zeitpunkt, an dem er die Briefe schrieb, an einem Ort stationiert, von dem aus er gleichzeitig Signale von Lachisch und Aseka empfangen konnte. Bei diesem Ort könnte es sich um Marissa gehandelt haben.

Starkey fand ein tragisches Ende: Er wurde ermordet, als er sich im Januar 1938 gerade auf dem Weg zur offiziellen Eröffnung des Palästinensischen Archäologiemuseums befand, das heute den Namen „Rockefeller-Museum" trägt.

Die Ausgrabungsarbeiten in Lachisch wurden dann von einem Archäologenteam der Universität Tel Aviv weitergeführt. Dieses entdeckte neben Relikten aus der mittleren und späten Bronzezeit auch bedeutende Überreste aus der Eisenzeit, darunter eine befestigte Palastanlage. Die Stadt aus der Eisenzeit war zwei Mal zerstört worden – einmal von den Assyrern im Jahr 701 v.Chr. und einmal von den Babyloniern in den Jahren 587/586 v.Chr. Die dadurch entstandenen unterschiedlichen Schichten (Schicht III und II) im Siedlungshügel erlaubten wichtige Studien der materiellen Kultur der Eisenzeit, die auch für Archäologen an anderen eisenzeitlichen Fundstätten im Land von enormer Bedeutung waren.

Ein altes Foto des britischen Archäologen J.L. Starkey, auf dem er mit seinem Spazierstock auf genau die Stelle zeigt, an der die berühmten Lachisch-Briefe entdeckt wurden.

Blick auf den Siedlungshügel von Aseka, einer Stadt unweit von Lachisch, die ebenfalls von den Babyloniern zerstört wurde.

Lachisch-Brief IV: „Und er (mein Herr) möge wissen, dass wir selbst auf die Rauchsignale von Lachis achten gemäß aller Zeichen, die mein Herr gibt, denn Aseka (können) wir nicht sehen."

(Klaas A. D. Smelik, Historische Dokumente aus dem alten Israel, Göttingen: Vandenhoeck und Ruprecht, 1987, S. 116)

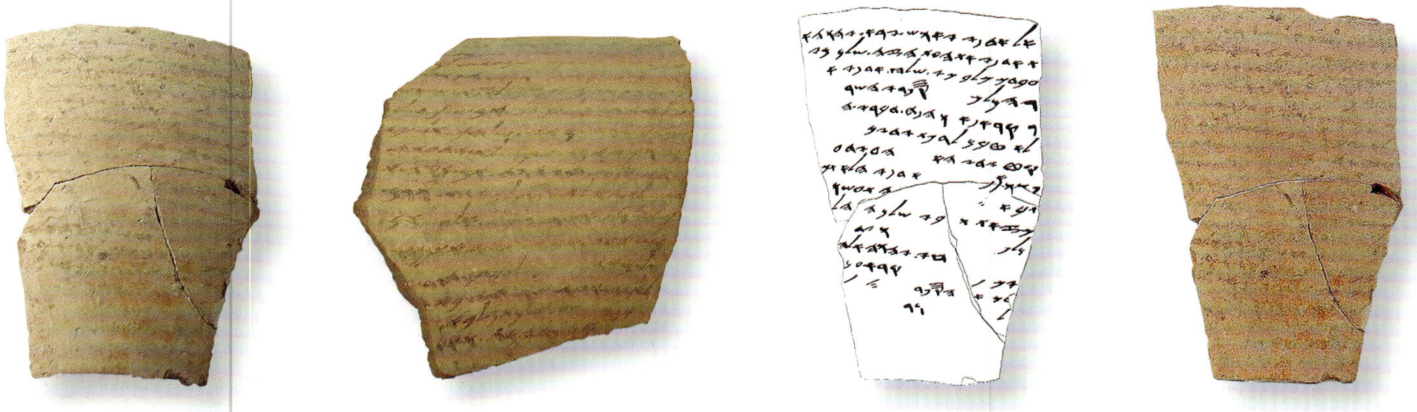

Einige der berühmten Lachisch-Briefe, die auf Tonscherben (Ostraka) geschrieben wurden.

In dieser Toranlage wurden die Lachisch-Briefe gefunden.

Die Städte Benjamins

Auch wenn der Stamm Benjamin nur ein relativ kleines Gebiet besaß, spielte er doch eine wichtige Rolle bei der Vereinigung der Stämme Israels in der Zeit der Richter (Richter 3,15). Saul, der zum Stamm Benjamin gehörte, wurde zum ersten König Israels (1. Samuel 9,16-17) und galt als der Befreier von der philistäischen Unterdrückung. Die Ermordung der Nebenfrau eines Leviten in Gibea (Tell el-Ful) erweckte in den anderen Stämmen jedoch eine starke Feindseligkeit und das gesamte Volk Israel wurde zu den Schwertern gerufen (Richter 19 und 20).

In dem weitläufigen Dorf Jaba' finden sich archäologische Überreste aus unterschiedlichen Epochen. Unten: Ausgrabungen am Osthang von Tell el-Ful.

Gibea and Jaba'

Der Hügel Tell el-Ful (auf Arabisch „Hügel der dicken Bohnen") wirkt ein wenig bedauernswert. Auf drei Seiten wird er von den Häusern der Ortschaft Schu'fat umschlossen, an die vierte Seite grenzt das Jerusalemer Viertel Pisgat Zeev. Auf der Hügelkuppe steht seit 1965 eine verlassene Betonhülle – daraus hatte einmal ein neuer Palast für den haschemitischen Monarchen Hussein von Jordanien entstehen sollen, doch nach dem Sechstagekrieg im Jahr 1967 wurden die Bauarbeiten eingestellt.

In den 1920er-Jahren brachte der bekannte amerikanische Archäologe, Philologe und Bibelforscher W.F. Albright bei seinen Ausgrabungen auf dem Hügel die Überreste eines Turms aus der frühen Eisenzeit zutage. Er glaubte, dass es sich bei der Stätte um Sauls Heimatstadt Gibea handelte (1. Samuel 10,26; 11,4). Mitte der 1960er-Jahre fanden auf dem Hügel erneut Ausgrabungen statt, um den Weg für den Palastbau für König Hussein freizumachen. Mitte der 1990er entdeckte die Israelische Altertümerbehörde (*Israel Antiquities Authority*) am Osthang des Hügels bemerkenswerte Überreste aus der mittleren Bronzezeit und von römischen Siedlungen.

Manche vermuten, dass sich Gibea nicht an der Fundstätte Tell el-Ful befunden hat, sondern in Jaba', einem Dorf im Nordosten des Vorgebirges von er-Ram. Das ist allerdings nicht sehr wahrscheinlich, da es sich bei Jaba' um ein vollständiges mittelalterliches Dorf handelt, das in osmanischer Zeit wiederaufgebaut wurde. Die wenigen eisenzeitlichen Tonscherben, die man dort gefunden hat, bieten keinen aussagekräftigen Hinweis darauf, dass sich hier einst Gibea befunden haben könnte.

Oben und unten: Zum Wasserversorgungssystem gehörende Zisterne mit Wendeltreppe an der Ausgrabungsstätte von El-Dschib (Gibeon).

Gibeon

Neben der modernen Ortschaft El-Dschib im Nordwesten von Jerusalem liegt ein mit altertümlichen Ruinen übersäter Hügel, der als das biblische Gibeon identifiziert werden konnte. Ende der 1950er- und Anfang der 1960er-Jahre führte eine amerikanische Expedition hier Ausgrabungen durch und stieß dabei auf Überreste aus der Eisenzeit. Neben Festungsanlagen, Wohngebäuden und Kellern fanden die Archäologen auch ein ausgeklügeltes Wasserversorgungssystem mit einem in den Felsen gehauenen runden Becken von elf Metern Durchmesser und 25 Metern Tiefe. 79 Stufen führten auf den Grund der Zisterne. Vielleicht handelt es sich dabei um den Teich, von dem im 2. Samuel (2,13-14.16) berichtet wird: „Etwa um die gleiche Zeit rückte Joab, der Sohn der Zeruja, mit Davids Truppen aus. Beim Teich von Gibeon trafen sie aufeinander. Dort schlugen die beiden Heere einander gegenüber, jeweils auf einer Seite des Teiches, ihr Lager auf. Abner sagte zu Joab: ‚Lass uns ein paar junge Krieger auswählen, die vor uns in einem Kampfspiel gegeneinander antreten.' ‚Gut', stimmte Joab zu. … Jeder der Männer packte seinen Gegner an den Haaren und stieß ihm sein Schwert in die Seite, sodass alle starben. Seither nannte man diese Stelle bei Gibeon Helkat-Hazzurim."

„An diesem Tag gab der Herr den Israeliten den Sieg über die Amoriter. Josua betete vor ganz Israel zum Herrn und er sagte: ‚Möge die Sonne stillstehen über Gibeon und der Mond über dem Tal von Ajalon.' Da standen Sonne und Mond still, bis die Israeliten sich an ihren Feinden gerächt hatten." (Josua 10,12-13)

Beerscheba

Beerscheba ist nach biblischer Überlieferung der Ort, an dem Abraham und der König des nahegelegenen Ortes Gerar, Abimelech, ihren Vertrag schlossen. Damals hatten Abimelechs Knechte Abraham gewaltsam einen Brunnen weggenommen. Als Abraham sich daraufhin bei Abimelech beschwerte, lösten die beiden den Streit mit einem Vertrag, den sie mit einem Schwur (hebräisch: *shebuah*) besiegelten. Von da an hieß der Ort Beerscheba, „Brunnen des Schwurs" (1. Mose 21,22-22-23; 26,26-30). Auch Isaak schloss in Beerscheba einen Vertrag und grub dort einen Brunnen. Im ersten Jahrtausend v.Chr. wurde Beerscheba ein wichtiger religiöser Ort und ein Verwaltungszentrum, was im Buch der Richter deutlich wird: „Daraufhin zogen alle Israeliten aus, von Dan [ganz im Norden] bis Beerscheba …" (Richter 20,1).

Die Archäologen scheinen sich sicher zu sein, dass es sich bei dem nahe der modernen Stadt Beerscheba gelegenen Siedlungshügel Tell es-Seba (Tell Sheva) um das biblische Beerscheba handelt. Auf diesem Hügel im Osten der modernen Stadt wurde bei Ausgrabungen eine befestigte israelitische, im Oval angelegte Stadt mit Straßen, Wohn- und Lagerhäusern sowie einem weitläufigen unterirdischen Wasserversorgungssystem gefunden.

Ein Foto aus dem Jahr 1875 zeigt den in der Überlieferung Abraham zugeschriebenen Brunnen.
Rechts: Das biblische Beerscheba nach seiner Wiederentdeckung und Rekonstruktionsarbeiten.
Unten: Eines der Gebäude, das bei den Ausgrabungen in der alten Stadt entdeckt wurde.

„Seit Anbeginn der Zivilisation haben in Beerscheba Wege aus allen Richtungen und Menschen mit den unterschiedlichsten Lebensgeschichten und Kulturen zusammengefunden. Die Lage, die Wasserstellen, der Boden und die immer wieder verjüngte Bevölkerung Beerschebas haben dafür gesorgt, dass der Ort einen unübertroffenen Platz in den Erinnerungen und in den Annalen der Geschichte gefunden hat."

(N. Glueck, Rivers in the Desert: A History of the Negev. 1959, S. 41)

Auf Erkundungstour in der Negev-Wüste in den 1950er-Jahren: „Das war die Zeit des harten Wüstenlebens. Wir schliefen unter dem Sternenhimmel. Viele von uns ließen sich bei diesen Touren Bärte wachsen und als wir nach Beerscheba zurückkehrten, sahen wir aus wie mit Gewehren bewaffnete Grenzgänger aus dem Wilden Westen." (M. Evenari, L. Shanan und N. Tadmor, The Negev: The Challenge of a Desert, 1971, S. 1)

Kolonel S.F. Newcombe erinnert sich an ein Treffen mit T.E. Lawrence (von Arabien) und Leonard Woolley (mit dem er in dem Gebiet archäologische Forschungen betrieb) im Januar 1914: „Als ich in Beerscheba ankam, traf ich Leonard Woolley and Lawrence … Zuerst war ich etwas geschockt, dass so junge Leute gekommen waren, um diese Arbeit zu verrichten. Ich stellte jedoch schnell fest, dass die beiden sehr aufgeweckt waren und wir verbrachten die folgenden Tage damit, dass sie mir alles über die biblische und archäologische Geschichte des südlichen Wüstengebiets erzählten. Ich hatte bereits einige Bücher über die Gegend gelesen, doch waren diese bereits sehr veraltet und voller Spekulationen und Theorien. Es war also eine große Erleichterung, direkt vor Ort mit zwei Menschen zu sprechen, die sehr fundierte archäologische Kenntnisse besaßen und mir eine vernünftige Darstellung dessen geben konnten, was sich hier abgespielt hatte. Und es war äußerst spannend für uns, in diesem Land mit Menschen zu arbeiten, die die gleiche Art von Kleidung trugen und ähnliches Essen zu sich nahmen – was sowieso nicht wirklich viel ist – und genauso ohne Waschen und Wasser auskamen wie die Israeliten damals." (S.F. Newcombe, Palestine Exploration Fund Quarterly Statement, Oktober 1935, S. 162)

Beit Mirsim

Der Siedlungshügel Tell Beit Mirsim, von dem W.F. Albright annahm, dass es sich um das biblische Debir (Josua 15,49) handeln könnte, liegt im Südwesten von Hebron. Bei den Ausgrabungen an dieser Fundstätte in den Jahren 1926-32 ließ sich keiner davon entmutigen, dass die davon betroffenen Grundbesitzer versuchten, aus dem Grabungsleiter Albright so viel Geld wie möglich für sich herauszupressen. Die Funde, die damals gemacht wurden, waren für die Archäologie Israels von großer Bedeutung.

Bei den Grabungsarbeiten kamen neben dem Grundriss der Stadt aus der Eisenzeit auch viele Tonwaren und andere Funde zutage und wurden methodisch dokumentiert. Albright berichtete im Jahr 1949 darüber, wie aufregend es war, eine Stadt aus biblischer Zeit auszugraben: „… die Grundrisse und der Inhalt der zahllosen Häuser wurden veröffentlicht und vermittelten so zum ersten Mal eine Vorstellung davon, wie die Bevölkerung von Juda zu Zeiten Jesajas und Jeremias lebte."

An der Fundstätte konnte Albright keinen Friedhof ausmachen: „… es ist seltsam, aber keiner der Ortsansässigen hatte irgendeine Ahnung davon, wo der Friedhof von Tell Beit Mirsim gelegen haben könnte und es scheint so, als sei kein Grab geöffnet oder ausgeraubt worden." Ende der 1970er-Jahre wurde dann endlich der alte Friedhof von Tell Beit Mirsim entdeckt und von Grabräubern systematisch geplündert. Erst mithilfe eines konzertierten Schlachtplans der israelischen Behörden gelang es, die Felsengräber auszugraben, ihre Grundrisse aufzuzeichnen und die Funde für die Nachwelt zu dokumentieren.

Oben: Blick auf den Siedlungshügel. Im Bildvordergrund sieht man den zur Siedlung gehörenden Friedhof.
Unten: Eisenzeitliche Trankopferschale aus Kalkstein mit Löwendarstellung.

Edomitische Stätten

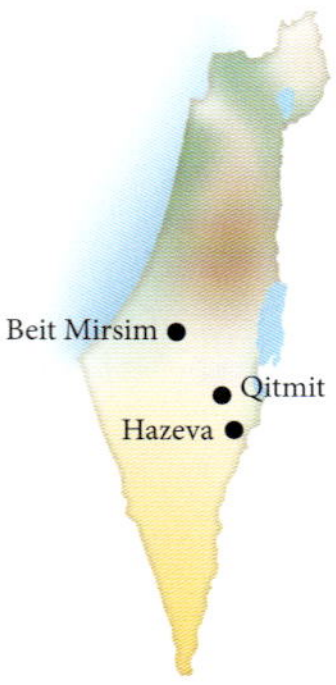

Im späten 7. und frühen 6. Jahrhundert vor Christus konnte man auf den großen Straßen, die von der östlichen Arabasenke in den Süden des Landes führten, Ströme von Menschen beobachten, die mit ihren Tieren und Karren von Wasserquelle zu Wasserquelle zogen. Diese Neuankömmlinge waren die Edomiter, die sich letztendlich in der Gegend niederließen, die später als Idumäa bezeichnet wurde und südlich des Königreichs Juda lag.

Während sich die Israeliten vor Selbstdarstellungen auf ihren Kunstgegenständen scheuten und ihnen Gottesdarstellungen verboten waren, erschufen die Edomiter gänzlich ohne Skrupel wunderschöne Figuren und kleine Statuen, die vor allem kultische Bedeutung hatten. Bei dem südlich und nahe von Arad gelegenen Horvat Qitmit entdeckten Archäologen einen Schrein aus dem 7. Jahrhundert v.Chr. mit einer Bema (Altarplatte) sowie zahlreichen Tonfiguren, Statuen, Kultständern und Kultgefäßen. Vor wenigen Jahren machten die Forscher in Ein Husb (Mezad Hazeva) eine erstaunliche Entdeckung: Sie fanden einen Schrein mit 67 Figuren, Kultständern und Gefäßen. Der Fundort in der Arabasenke liegt an der Stelle, an der sich die von Nord nach Süd verlaufende Straße zum Golf von Akaba und die von Ost nach West verlaufende Straße vom Ostjordanland zur Negev-Wüste kreuzen. Der Ort konnte als das biblische Tamar, die Palmenstadt (Richter 1,16 ELB), identifiziert werden. Vielleicht waren Götzenbilder wie die von Hatzeva der Auslöser der religiösen Reformen unter König Josias (640-609 v.Chr.). Dieser befahl „sämtliche Gegenstände, die bei der Anbetung des Baal, der Aschera und der Mächte des Himmels verwendet wurden, aus dem Tempel zu entfernen“ und „ließ sie [...] verbrennen.“ (2. Könige 23,4).

Rechts: Die bei Qitmit gefundene Statue einer gehörnten Gottheit.
Unten: Zwei menschliche Figuren als Kultständer aus Hatzeva.

„Die Südgrenze soll von Tamar bis zu den Wassern von Meribat-Kadesch verlaufen und dann dem Lauf des Bachs von Ägypten bis ans Mittelmeer folgen. Das soll die Südgrenze sein.“
(Hesekiel 47,19)

Die Ausgrabungsarbeiten bei Hazeva. Hier wurden eine Favissa (unterirdische Kammer) mit Kultständern und andere seltene edomitische Gegenstände gefunden.

Zwei beschriebene Tonscherben aus der Eisenzeit, die hier gefunden wurden.

Arad

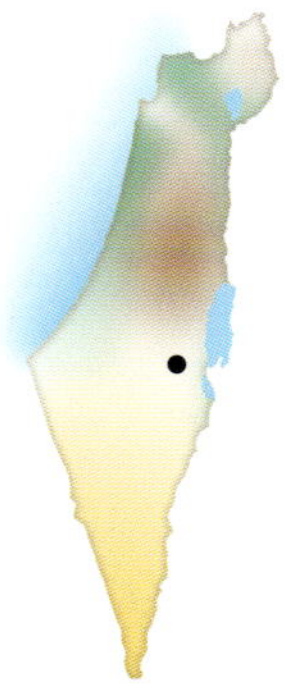

In einem Winter Anfang der 1970er-Jahre, zu einer Zeit, in der ich in der Nähe von Arad lebte, schrieb mir Ruth Amiran, eine israelische Archäologin, die dort maßgeblich an den Ausgrabungen beteiligt gewesen war, von ihrem damaligen Wohnsitz in Jerusalem aus eine Postkarte: „Lieber Shimon, hier in Jerusalem schneit es. Wie sieht es in Arad aus? Ruth". Tatsächlich schneite es in Arad auch – allerdings ist Schnee in der Wüste ein seltenes und, wie ich bestätigen kann, einzigartiges Phänomen. In den Wadis sammeln sich Schneewehen und breiten sich in wundersamen, glitzernden Schwaden auf den Hängen aus. Die Spuren der in den Hügeln umherstreifenden Ziegen bilden dunkle Linien im Schnee, sodass die Verwehungen wirken wie Miniaturterrassen. Dabei leuchtet der Schnee so hell, dass es einen fast blendet.

Die Zitadelle der israelitischen Könige, die über den Ruinen der kanaanitischen Stadt aufragt, wurde von einem weiteren Archäologen, Yohanan Aharoni von der Universität in Tel Aviv, ausgegraben. Bei den Grabungsarbeiten stellte sich heraus, dass die Stätte während der Zeit des Königreichs mindestens sechs Mal zerstört und niedergebrannt worden war. Es ist wirklich erstaunlich, dass es trotzdem immer wieder Menschen gab, die dort leben wollten. Einer der Gründe dafür könnte sein, dass hier eine traditionelle Kultstätte der angesehenen Keniterfamilie lag, die in Richter 1,16 erwähnt wird. Im nordwestlichen Zitadellenbereich wurde ein Tempel mit aufrecht stehenden Steinen gefunden. Außerdem entdeckten die Archäologen Tonscherben mit hebräischen und aramäischen Inschriften. Einige der jüngeren Inschriften stammen von einem Beamten namens Eliaschib, dem Sohn Eshjahus. In einer der Inschriften ist vom „Haus Gottes" die Rede, was sich wahrscheinlich auf den Tempel in Jerusalem bezieht.

Die Zitadelle im Frühling.

Die eisenzeitliche Zitadelle von Arad im Schnee.

Teil 3:

DER EINFLUSS DER GRIECHEN UND RÖMER

„Bald entstanden überall im Seleukidenreich hellenisierte Städte. Der gebildete Teil der ursprünglichen Bevölkerung, vor allem in den westlichen Provinzen, strebte danach, sich an die Kultur der Herrscherklasse anzupassen. Die Namen der Städte und der Menschen wurden hellenisiert und Geschichten über griechische oder zumindest trojanische Vorfahren erdichtet. Für die lokalen Götter suchte man die Entsprechungen im griechischen Pantheon. So wurde ein jüdischer Joschua zu Jason und der jüdische Gott wurde zum olympischen Zeus.“ (E. Badian, „The Hellenistic World“, in H. Lloyd-Jones (Hrsg.), The Greek World. 1962, S. 250)

In hellenistischer Zeit wurde die Bevölkerung des Landes vornehmlich von der griechischen und römischen Kultur beeinflusst. Das griechische Zeitalter begann 332 v.Chr., als Alexander der Große den König von Persien in der Schlacht von Issos besiegte. Damit war sein Weg frei zur Eroberung von Syrien und Palästina. Nach Alexanders Tod wurde sein Königreich unter seinen Feldherren aufgeteilt. Ein Teil des Landes wurde von den Ptolemäern von Ägypten aus regiert, das andere von den Seleukiden von Syrien aus. Allerdings kam es in Palästina nicht zu einer Hellenisierung im Sinne einer kulturellen Vereinigung, wie es sich Alexander und seine Nachfolger vorgestellt hatten. So fachte der externe Druck zur Hellenisierung den jüdischen Nationalismus im Land sogar noch an und führte letztendlich zum Makkabäeraufstand. Der römische Einfluss in der Region begann mit der Eroberung Palästinas durch Pompeius im Jahr 63 v.Chr. und wurde später unter Herodes dem Großen noch verstärkt. Letzterer ließ ein Amphitheater im griechischen Stil erbauen, in dem Juden nackt mit Griechen ringen mussten. Außerdem errichtete er in der Nähe von Jerusalem ein Hippodrom.

Dieser Bronzekopf
des Hadrian wurde in
Tell Schalem gefunden.

Antike Gebäudereste am Tell Schikmona an der Mittelmeerküste südlich von Haifa. Die Strukturen von drei Gebäuden sind zu sehen.

Schikmona, Michal und Nachal Teninim

Der Norden des Landes stand unter starkem phönizischem Einfluss, obwohl sich deren kulturelles Zentrum in der Küstenregion des Libanon befand. Der Einfluss der Phönizier breitete sich entlang der Mittelmeerküste Richtung Süden von dem in der Nähe von Haifa gelegenen Tell Schikmona bis zu dem in der südlichen Scharon-Ebene gelegenen Tell Michal aus. An beiden Orten befanden sich blühende persische und hellenistische Siedlungen. Deren Reichtum beruhte zum einen auf ihrer Nähe zum Meer und ihren Häfen zum anderen auf dem florierenden Handel durch ihre guten Anbindung zur *Via Maris*, die sich von Nord nach Süd an der Küste entlangzog. Einige der prächtigen Statuen und Figuren, die bei Tell Michal gefunden wurden, zeugen von dem hohen Lebensstandard der Siedlungsbewohner.

Zwei Figuren, die am Tell Michal gefunden wurden.

Anafa

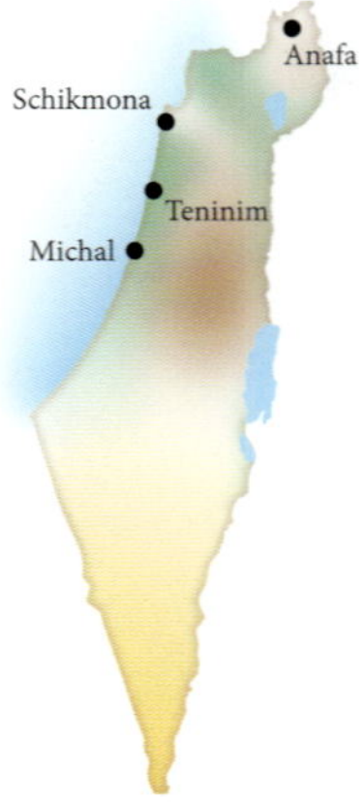

Bei dem in Obergaliläa gelegenen Tell Anafa entdeckten Archäologen Gebäude und Artefakte, die Hinweise auf den gehobenen Lebensstil einiger hellenisierter Phönizier gaben. Die Wände der Häuser waren zum Teil mit Blattgold, zum Teil mit prächtigen Malereien verziert und die Böden mit Mosaiken belegt. In einem der Häuser befindet sich sogar das älteste beheizbare Bad, das bislang in Palästina gefunden wurde. Außerdem brachten die Ausgrabungen Zehntausende von Glasscherben zutage, die aus einer Zeit stammen, in denen Glas ein seltenes Luxusgut war. Aber wie alles in der Welt hatte auch das angenehme Leben der Bewohner von Tell Anafa einmal ein Ende: Die Siedlung wurde um 75 v.Chr. verlassen.

Oben: Die hellenistische Fundstätte bei Anafa.
Unten: Das bei Ausgrabungen freigelegte Wasserversorgungssystem samt Aquädukt bei Nachal Teninim.

Der Berg Garizim

Auf dem Gipfel des Berges Garizim in der Nähe von Sichem (Nablus) stand der Tempel der Samaritaner. In seiner Blütezeit um 332 v.Chr. muss er einen prächtigen Anblick geboten haben: Stufen führten zu einer breiten Esplanade hinauf, wo sich der Tempel unter dem gleißenden Sonnenlicht direkt in den Himmel erhob. Rund um die 484 n.Chr. von Kaiser Zenon erbaute byzantinische Marienkirche finden seit 1983 Ausgrabungen statt. Dabei kamen neben einer monumentalen Tempelanlage aus hellenistischer Zeit auch Überreste aus früheren Zeiten bis hin zur Eisenzeit zutage. Aus hellenistischer Zeit wurde auch eine Festungsmauer mit Toren entdeckt, die Gebäude und Wohnhäuser umschloss. Außerdem fand man 480 Inschriften, die vor allem in Aramäisch, zum Teil aber auch in Hebräisch und Griechisch verfasst worden waren. Die Samaritaner betrachten sich selbst als die wahren Nachfolger der alten Israeliten. Ihre Tora, das Samaritikon, stammt noch aus der Zeit Mose. Heute lebt nur noch eine immer kleiner werdende Zahl an Samaritanern dort und praktiziert ihren Glauben.

Oben: Die Ausgrabungen auf dem Gipfel des Garizim im Schnee. Das rechteckige Hauptgebäude stammt aus byzantinischer Zeit, doch die darunterliegenden Mauern im Vordergrund entstanden zur Zeit der Perser und im Hellenismus. Links: Noch einmal der Gipfel des Garizim. Am Horizont ist der Berg Ebal zu sehen. Rechts: Teil einer samaritanischen Weiheschrift, die bei den Ausgrabungen entdeckt wurde.

„Wenn der Herr, euer Gott, euch in das Land bringt, in das ihr nun zieht, um es zu erobern, sollt ihr den Segen auf dem Berg Garizim und den Fluch auf dem Berg Ebal bekannt machen.“ (5. Mose 11,29)

Eine samaritanische Weiheinschrift aus der Zeit zwischen 150-50 v.Chr., die auf der griechischen Insel Delos gefunden wurde: „Die Israeliten auf Delos, die als Erste zum heiligen Garizim (Har Gerizim) ackerbauliche Opfer darbringen, krönen Sarapion, den Sohn Jasons von Knossos, aufgrund der Wohltaten, die er ihnen erwiesen hat, mit einer goldenen Krone."

Marescha (Marissa)

Marescha ist eine idumäische Stadt, die von Myriaden unterirdischer Höhlen umgeben ist. Manche dieser Höhlen weisen eine komplexe Struktur auf: In ihnen gibt es verschachtelte Räume, gewundene Gänge und in den Felsen gehauene Treppen, die in die düsteren Tiefen der Erde führen. Seit Anbeginn ihrer Erforschung im 19. Jahrhundert umgibt diese Höhlen eine Aura des Geheimnisvollen. Allerdings haben neueste Forschungen gezeigt, dass einige dieser Höhlen recht alltägliche Funktionen erfüllten: Sie dienten als Lagerräume, Ölmühlen und Ställe. Etwas entfernt gibt es Höhlen, die auf jeden Fall als Gräber benutzt wurden. Die eindrucksvollste dieser Grabhöhlen befindet sich auf dem östlichen Friedhof: Dort findet man nicht nur Malereien, sondern auch eine Inschrift, in der Mitglieder der in hellenistischer Zeit „in Marissa ansässigen“ sidonischen Gemeinde erwähnt werden. Auf den Grabwänden sind dreizehn unterschiedliche Tierarten dargestellt, unter anderem ein Elefant, aber auch mythische Wesen, wie zum Beispiel Zerberus, der dreiköpfige Wachhund des Hades. Außerdem finden sich dort Darstellungen von Kränzen und Menschen sowie griechische Inschriften.

Diese Wand mit der Darstellung eines Elefanten und griechischer Inschrift wurde in einem hellenistischen Grab der sidonischen Gemeinde von Marescha gefunden.

„Afrikanische Elefanten (Elephas africanus) wurden von Darius in seinem Kampf gegen Alexander den Großen eingesetzt. Sie wurden von der syrisch-griechischen Armee für militärische Zwecke ins Land Israel eingeführt (1. Makkabäer 8,6; 2. Makkabäer 13,15). Unter einem von diesen Elefanten kam Eleasar der Hasmonäer zu Tode (1. Makkabäer 6,43-46). Nach jüdischem Brauch sollte man beim Anblick eines Elefanten diesen Segen aussprechen: ‚Gesegnet sei Er, der der seltsame Geschöpfe erschafft'."

(Berachot, 9,58b)

Diese längliche Höhle wurde in hellenistischer Zeit als Columbarium genutzt. Links: Die Oberstadt (Akropolis) von Marescha. In der Mitte des Bildes sieht man einen Eckturm, an dem gerade Ausgrabungsarbeiten stattfinden.

„Eleasar Awaran sah einen Elefanten, dessen Panzer königlichen Schmuck trug und der alle anderen Tiere überragte. Da er glaubte, darauf säße der König, gab er sich selbst hin, um sein Volk zu retten und sich ewigen Ruhm zu erwerben. Er lief mutig auf ihn zu, mitten in die Schlachtreihe hinein, teilte nach rechts und links tödliche Hiebe aus und schlug sich eine Bresche durch die Reihen. So drang er unter den Elefanten vor und durchbohrte ihn von unten. Der brach zusammen und fiel auf Eleasar, der auf der Stelle tot war."

(1. Makkabäer 6,43-46 EÜ)

Auf der Suche nach dem makkabäischen Modiin

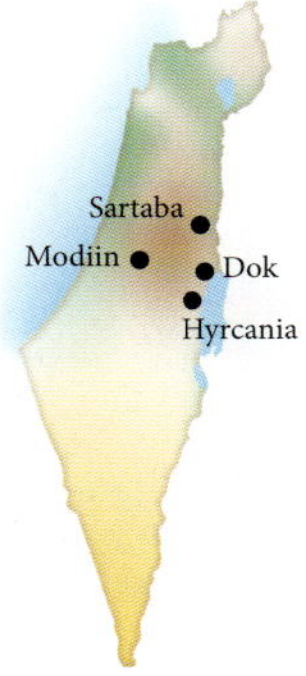

Seit dem 19. Jahrhundert versuchen die Gelehrten das Geheimnis zu lüften, wo Modiin, die Wohn- und Grabstätte der Makkabäer, lag. Laut 1. Makkabäer (13,25-30 EÜ) und Flavius Josephus (Jüdische Altertümer XIII, 211), erbaute Simeon der Hasmonäer bei Modiin sieben kunstvolle und prächtige Pyramiden, die wohl bereits aus weiter Ferne hin sichtbar waren. In seinem „Onomastikon der biblischen Ortsnamen" deutet der Erzbischof von Caesarea, Eusebius Pamphili (ca. 260-339 n.Chr.) an, dass die Grabstätte der Makkabäer zu seiner Zeit noch existierte. Außerdem war die Lage der Grabstätte eindeutig auf der aus der Mitte des 6. Jahrhunderts stammenden Mosaikkarte von Madaba verzeichnet. Im Mittelalter geriet die Lage von Modiin dann in Vergessenheit und im 12. Jahrhundert hielten die Kreuzfahrer die Gegend um Belmont im Westen Jerusalems (in der heute das Kibbuz Tsuba liegt) fälschlicherweise für Modiin. Diese falsche Annahme sorgte noch bis ins 19. Jahrhundert bei den Besuchern der Region für Verwirrung.

In der Mitte des 19. Jahrhunderts unternahmen Wissenschaftler dann zahlreiche Versuche, Modiin bei Khirbet el-Midya im Norden der Schefela zu verorten, doch die berühmten „Gräber der Makkabäer", die dort zu sehen sind, datieren zum Großteil aus byzantinischer Zeit. In den letzten Jahren gab es einige Thesen dazu, dass das biblische Modiin an der Stelle der großen, zentralen Siedlung Horvat Tittora (Khirbet el-Burdsch) gelegen haben könnte, oder an der Stelle des aus der frühen Römerzeit stammenden Dorfes Khirbet Umm el-'Umdan, zu dem auch ein öffentliches Gebäude, möglicherweise eine Synagoge, gehört. Noch harrt das Rätsel jedoch seiner Lösung …

Eine kürzlich entdeckte Synagoge aus dem 1. Jahrhundert n.Chr. bei Khirbet Umm el-'Umdan.

„Simeon schickte einige Männer, um die Gebeine seines Bruders Jonatan zu holen und in Modiïn, der Stadt seiner Väter, bestatten zu lassen. Ganz Israel hielt eine große Totenklage für ihn ab und trauerte viele Tage um ihn. Simeon ließ ein hohes, weithin sichtbares Denkmal über dem Grab seines Vaters und seiner Brüder errichten. Für die Vorder- und Rückseite verwendete er behauene Steine. Auch ließ er sieben Pyramiden aufstellen, die einander gegenüberstanden: für den Vater, die Mutter und die vier Brüder. Um die Pyramiden ließ er eine kunstvolle Anlage errichten, umgeben mit hohen Säulen. An den Säulen ließ er zum ewigen Gedenken Rüstungen anbringen und neben den Rüstungen Schiffe einmeißeln, für alle sichtbar, die auf dem Meer vorüberfahren."

(1. Makkabäer 13,25-30 EÜ)

Die Festung Dok mit ihrer später hinzugefügten Festungsmauer und der Kapelle. Im Hintergrund erstreckt sich das Jordantal.

Die Festung der Hasmonäer

In seiner Blütezeit war das Königreich der Hasmonäer ausgesprochen mächtig: In der Zeit von Alexander Jannäus (103-76 v.Chr.) verfügte es über große Gebiete auf beiden Seiten des Jordan.
Wie andere hellenistische Könige schützten auch die Hasmonäer ihr Reich durch Festungstürme und Festungen entlang der Grenzen ihres Landes und an besonders verwundbaren Stellen. Die Hasmonäer waren eng mit der Wüste verbunden, was noch aus der Zeit des Makkabäeraufstands herrührte: „Judas aber, mit dem Beinamen der Makkabäer, schloss sich mit neun Gefährten zusammen und zog sich in die Berge zurück und er lebte da wie die wilden Tiere. Sie ernährten sich die ganze Zeit nur von Pflanzen, um nicht unrein zu werden.“ (2. Makkabäer 5,27 EÜ).
Zu den Wüstenfestungen gehören Sartaba (Alexandrion), Ras Karantal (Dok), Hyrcania und das östlich von Betlehem in der Wüste gelegene Bet-Basi.

Blick auf Hyrcania. Im Vordergrund ein Aquädukt. Rechts: Die Kuppe des Sartaba, an dessen Hang eine Zisternenöffnung zu sehen ist.

Am Fuß des Hyrcaniahügels im Wadi Sececa führen Treppenstufen in zwei geheimnisvolle, in den Felsen gehauene Tunnel hinunter. Archäologen haben sich hier mit viel Geduld bis in eine Tiefe von mindestens 160 Meter voran gearbeitet und ein Ende der Tunnel ist noch nicht in Sicht. Der Sinn und Zweck dieser einzigartigen Tunnel sind bislang noch nicht bekannt. Es wurden auch noch fast keine alten Artefakte entdeckt. Man könnte sich vorstellen, dass am Ende von einem der Tunnel wie in einer Märchengeschichte ein Schatz versteckt liegt. Vielleicht der, von dem es in den Schriften des jüdischen Historikers Flavius Josephus heißt, dass Königin Salome Alexandra ihn in Hyrcania versteckt hätte (Jüdische Altertümer XIII, 417). Nach meinen bisherigen Erfahrungen kommt es ziemlich selten vor, dass Märchen wahr werden. Aber man darf ja träumen …

„Dann setzten sich Jonatan und Simeon mit ihren Anhängern in die Wüste nach Bet-Basi ab. Jonatan ließ dort alles wiederaufbauen, was in Trümmern lag, und befestigte den Ort. Als Bakchides davon erfuhr, zog er alle seine Truppen zusammen und erteilte den Leuten von Judäa entsprechende Anweisungen. Er rückte gegen Bet-Basi vor und schlug dort sein Lager auf und berannte den Ort viele Tage lang. Er ließ Belagerungsmaschinen aufstellen.“ (1. Makkabäer 9,62-64 EÜ)

Oben: Blick von Südwesten auf den Tempelberg (Haram asch-Scharif) mit dem Felsendom auf der großen Plattform. Vorne links im Bild der jüdische Gebetsplatz vor der Klagemauer. Unten: Juden beten vor den Mauerresten des Tempelbergs. Die Mauer wurde zur Zeit Herodes aus sehr großen, behauenen Steinen gebaut und wird auf Hebräisch „Kotel" genannt.

Achai Gaon von Shabha fragte: „Warum fiel der erste Tempel? Wegen Götzendienst, Schwelgerei und Mordens. Aber warum fiel der zweite Tempel, wo wir doch wissen, dass in diesen Zeiten die Gesetze der Tora beachtet, gute Werke vollbracht und die Gebote eingehalten wurden? Er fiel wegen des ungerechtfertigten Hasses, der damals herrschte. Daraus können wir schließen, dass ungerechtfertigter Hass eine ebenso schwere Sünde ist wie Götzendienst, Schwelgerei und Morden."

(M. Grindea (Hrsg.), Jerusalem: The Holy Land in Literature, 1968, S. 49)

Jerusalem in der Zeit des Herodes

Links: Ein zu einer ehemaligen Balustrade auf dem Tempelberg gehörender Stein mit der Inschrift: „Zum Ort der Trompete“.
Rechts: Fragment einer griechischen Inschrift auf der Trennwand zum Innenhof des jüdischen Tempels. Unten: Die von Herodes dem Großen erbaute Zitadelle mit dem Hippikus-Turm.

Tempel und Palast

Um das alte Jerusalem ranken sich unzählige Legenden und Geschichten. Der hebräische Poet Avraham Shlonski schreibt: „Jerusalem ist eine Hügelstadt / das Fundament der Hügel ruht auf Gold, ihre Kuppen sind mit Gold gekrönt / denn dort wandelten Menschen, die Gott erblickt haben.“ Das Heiligtum auf dem Berg Moria kann nach biblischer Überlieferung bis zur Zeit Davids zurückverfolgt werden. König David soll das Land von dem Jebusiter Arauna gekauft haben, um dort einen Altar für den Gott Israels zu errichten und schließlich baute sein Sohn Salomo genau dort einen Tempel. Im Laufe der Jahrhunderte erlebten der Tempel und seine Umgebung zahlreiche Veränderungen, bis hin zur Zerstörung durch die Babylonier in den Jahren 597/586 v.Chr. und den Wiederaufbau nach der Rückkehr der Israeliten aus dem Exil. Bislang sind – bis auf ein paar wenige Artefakte und unterirdische Räume – noch keine archäologischen Funde aus den Frühzeiten des Tempels entdeckt worden. Immerhin sind jedoch Überreste aus der Zeit des zweiten Tempels zu sehen, darunter ein Teil der Westmauer des Tempelbergs, wo sich seit Jahrhunderten Juden zum Gebet treffen und die von westlichen Besuchern Israels im 19. Jahrhundert den Namen „Klagemauer“ erhalten hat.
Herodes der Große plante einen größeren Neubau des jüdischen Tempels auf einem massiven Plateau. Die Arbeiten dazu begannen ungefähr in den Jahren 22 oder 20 v.Chr. Der Tempelberg

Blick von Süden aus auf den prächtigen Tempelberg. Auf dem Gipfel sind die muslimischen Bauten zu sehen, am Fuß des Berges erkennt man die großflächigen archäologischen Grabungsstätten.

Ein Ölbaum an der Westseite der Altstadtmauer. Hinter diesen Mauern lag der Palast des Herodes, das spätere Prätorium. Heute umschließen die Mauern den Armenischen Garten.

gehörte zweifellos zu den eindrucksvollsten Orten in der Zeit des Kaisers Augustus. Laut Johannesevangelium hat sich der Bau des Tempels über 64 Jahre hingezogen (Johannes 2,20). Archäologische Funde weisen jedoch darauf hin, dass die Arbeiten am Tempelberg noch nicht vollständig abgeschlossen waren, als die gesamte Stadt im Jahr 70 n.Chr. von den Römern unter Titus abgebrannt wurde. Hier fand man unter anderem zwei griechische Inschriften, die ursprünglich wohl als Warnhinweise auf der Balustrade zwischen dem inneren und den äußeren Höfen des Tempels gedient haben und Nichtjuden den Zutritt zum inneren Hof verboten. Bei Ausgrabungen auf dem südlichen und südwestlichen Tempelberg im Jahr 1968 wurden bedeutende Überreste aus der Zeit Herodes entdeckt, unter anderem die Ruinen einer monumentalen, von breiten Steinbögen getragenen Treppe, die zur Königshalle und dem Robinson-Bogen hinaufführte. In den Trümmern unterhalb des Tempelbergs fand man einen Stein, auf dem in Hebräisch die Worte „Zum Ort der Trompete" standen. Im Süden, am östlichen Rand des Ophel, entdeckte man die auf Griechisch verfasste Theodotos-Inschrift aus dem 1. Jahrhundert. Dabei handelt es sich um eine Stifterinschrift einer antiken Synagoge, einem Ort „zur Vorlesung des Gesetzes und zum Unterricht in den Geboten", wie es in der Inschrift heißt.

Zu den bemerkenswerten architektonischen Plänen des Herodes in Jerusalem gehörten auch der Bau eines riesigen Palastes in der Oberstadt an der Stelle, wo sich das Jaffa-Tor und Teile des heutigen Armenischen Gartens befinden. Im Nordwesten wurde der Palast von drei mächtigen Türmen beschützt – dem Hippikus, dem Phasael und dem Mariamne –, im Süden dieses Zwillingsgebäudes erstreckte sich ein weitläufiger architektonischer Garten mit Brunnen und Bäumen. Wenn man den detaillierten Beschreibungen Glauben schenkt, die uns der im 1. Jahrhundert lebende Historiker Flavius Josephus von dem Palast gibt, dann muss dieser eine wahre Augenweide gewesen sein. So schreibt Flavius zum Beispiel voller Begeisterung über diesen Palast, „dessen Ausstattung unbeschreiblich prunkvoll war und alles Dagewesene in den Schatten stellte" (Jüdischer Krieg V, 176-181).

Oben: Fragment eines behauenen Steins, der einst die Königshalle am südlichen Ende des Tempelbergs schmückte.
Links: Die Theodotos-Inschrift.

„Das Gebäude mag zerfallen sein, aber der Ort und die Idee des Tempels haben über Generationen hinweg Männer und Frauen inspiriert – und für heftige Debatten gesorgt. In den Köpfen der Menschen hat der Tempel Gestalt angenommen. Und dann sind da ja auch noch die Ruinen. Der Tempel ist viel mehr als einfach nur ein zerfallenes Gebäude. Er wurde zum mächtigsten Symbol der menschlichen Suche nach einem verlorenen Ideal, zu einem Bild früherer und kommender Größe. Die Idee des Tempels hat zu Streit und gewalttätigen Kriegen zwischen Kulturen und Nationen geführt – aber auch zu einem bewegenden Teil der westlichen Dicht- und Bildkunst.“ (Simon Goldhill, The Temple of Jerusalem, 2005, S. 7)

Die Übersetzung der griechischen Theodotos-Inschrift aus Jerusalem: „Theodotos, der Sohn von Vettenus, dem Priester und Synagogenvorsteher, Enkel eines Synagogenvorstehers, erbaute die(se) Synagoge zur Vorlesung des Gesetzes und zum Unterricht in den Geboten, ebenso auch das Fremdenhaus und die Kammern und die Wasseranlagen für die (Pilger) aus der Fremde, die eine Herberge brauchen. Den Grundstein dazu hatten seine Väter und die Ältesten und Simonides gelegt.“

(Fritz Rienecker, Gerhard Maier, Alexander Schick, Ulrich Wendel (Hrsg.), Lexikon zur Bibel, Wuppertal: SCM R.Brockhaus in der SCM Verlagsgruppe GmbH, 4. Auflage 2019, S. 1124)

Diese in den Putz geritzten Darstellungen der Menora und des Schaubrottisches des Tempels wurden bei Ausgrabungen im Jüdischen Viertel in Jerusalem entdeckt.

Die Teiche Betesda und Siloah

In den Jahrzehnten vor der Zerstörung Jerusalems im Jahr 70 n.Chr. waren Reinigungsrituale für die jüdischen Bewohner der Stadt von höchster Bedeutung. In unterschiedlichen Stadtteilen fanden Archäologen zahlreiche Steingefäße, darunter geschnitzte Tassen und große Krüge, die für Handwaschungsrituale verwendet wurden. Außerdem entdeckten sie eine große Anzahl an Wasserbecken (Mikwaot) für das rituelle Tauchbad. Doch selbst die große Zahl der entdeckten Bäder hätte nicht für die vielen Tausend Pilger ausgereicht, die während der Festtage zum Gottesdienst bei den heiligen Stätten in die Stadt strömten. Besonders stark besucht wurde natürlich das Haus Gottes, der jüdische Tempel, was nahelegt, dass die Teiche Betesda und Siloah in der Zeit von Herodes dem Großen vielen Besuchern der jüdischen Feste in Jerusalem zur Erfüllung ihrer Reinigungsrituale dienten. Archäologen fanden an beiden Teichen Überreste von Treppen und Treppenabsätzen, was die Eintauchprozedur sicherlich leichter gemacht hatte. Auch bei den Erzählungen von den Wundertaten Jesu spielen beide Teiche eine Rolle: Der Blinde sollte sich im Teich Siloah waschen und gewann so sein Augenlicht wieder (Johannes 9,7-11) und der kranke Mann wurde am Teich Betesda geheilt (Johannes 5,2-9).

Im Vordergrund des Bildes sind die Überreste eines Hauses aus dem 1. Jahrhundert nahe des Teichs Betesda zu sehen. Im Hintergrund erkennt man die mittelalterliche Kapelle Probatica.
Unten: Eine byzantinische Inschrift, die bei den Ausgrabungen am Teich Betesda gefunden wurde.

„Innerhalb der Stadtmauern, in der Nähe des Schaftores, befindet sich ein Teich mit fünf Säulenhallen, der auf Hebräisch Betesda genannt wird. Scharen von kranken Menschen – Blinde, Gelähmte oder Verkrüppelte – lagen in den Hallen.“ (Johannes 5,2-4)

Die mittelalterliche St. Anna-Kirche und links daneben die Ausgrabungen am Teich Betesda.

Unten und oben: Die Treppen und Treppenabsätze, die bei den Ausgrabungen am Teich Siloah gefunden wurden.

„Der Teich von Siloah war von blühenden Jasminsträuchern, hoch aufragenden Pistazienbäumen, Akazien und gelegentlich Palmen mit herabgeneigter heller Krone umgeben. Außerdem wuchsen dort süßer Majoran, zartviolette Schwertlilien, Thymian, Eisenkraut und die roten Rosen von Sharon. Unter diesen blühenden Büschen und Blumen plätscherten in äonenaltem Gestein die reinen Quellen, die den Teich speisten."

(Gérard de Nerval, Journey to the Orient, 1844 [trans. P. Owen, 1972], S. 238)

Eine aus Kalkstein gehauene Henkeltasse, die aufgrund des Materials nicht rituell unrein werden konnte und deren Gestaltung dem Geschmack des 1. Jahrhundert n. Chr. entsprach.

Oben: Diese Grabstätte im Kidrontal in Jerusalem ist der Überlieferung nach das Grab Absaloms.
Unten: Dies soll das Grabmal des Zacharias sein.

Die Grabstätten im Kidrontal und auf dem Blutacker

Rund um Jerusalem erstreckt sich eine riesige Nekropolis mit über tausend in den Felsen gehauenen Grabstätten aus frührömischer Zeit. Bei den meisten davon handelt es sich um kleine, rechteckige Räume mit tunnelähnlichen Grabnischen und Bänken an den Wänden. Auf den Bänken lagen die Toten so lange, bis ihr Körper verwest war. Dann wurden die Knochen in einen Knochenkasten (Ossarium) gelegt, der für gewöhnlich mit Rosetten (die Cherubim symbolisierten) und anderen geometrischen Mustern verziert war. Manchmal trugen die Ossarien auch Inschriften. So entdeckte man auf einem zum Beispiel die Inschrift: „Simon, Tempelbauer“, was ein Hinweis darauf sein könnte, dass es sich bei dem Verstorbenen um einen der Arbeiter gehandelt hat, die am Bau des jüdischen Tempels in Jerusalem mitwirkten. In einem Grab im Norden der Stadt, in Givat HaMivtar, entdeckte man die Überreste eines Gekreuzigten. Die Beschreibung vom Grab Jesu im Evangelium weist darauf hin, dass es eines der üblichen kleinen Gräber rund um Jerusalem gewesen war. Da es sich um ein „neues“ Grab handelte, waren wahrscheinlich auch noch keine Grabnischen in die Felswand gehauen worden, wie das in Familiengräbern aus dieser Zeit der Fall war.

Ein paar der eindrucksvollsten Grabstätten liegen im Kidrontal, mehr oder weniger gegenüber der Ostmauer des Tempelbergs. Besonders hervorzuheben ist hier das Grab des Zacharias mit dem Pyramidendach und das Grab des Absalom mit kegelförmigem Dach. Letzteres wurde bereits im Mittelalter identifiziert, wobei man Bezug auf den Bibelvers 2. Samuel 18,18 nahm. Dort steht, dass sich Absalom schon zu Lebzeiten einen Gedenkstein im Königstal hatte errichten lassen. Im Arabischen trägt die Grabstätte den Namen „Tantour Firaoun“ (Mütze des Pharaos). Der untere Teil des freistehenden Monuments ist in den Felsen gehauen, während der obere Teil, der einem hohen Hut ähnelt, aus behauenen Steinen erbaut wurde. Für gewöhnlich kann man das Grab des Absalom nicht betreten, da sich der Eingang in einer Höhe von mehr als zehn Metern an seiner senkrechten Südwand befindet und man eine entsprechende Kletterausrüstung benötigt, um dort hinzugelangen. An einem Sommertag im Jahr 2000 rief mich der Archäologe Joe Zias an und fragte mich: „Morgen früh wird an der Südseite des Grabs von Absalom ein Gerüst aufgebaut – wärst du da gerne dabei und würdest einen Blick hineinwerfen?“ Natürlich sagte ich zu. Das war eine seltene und aufregende Gelegenheit, das Monument einmal aus der Nähe zu betrachten. Und die Aktion war ihre Mühe wert. Der Innenraum, in den drei Stufen hineinführen, ist fast quadratisch. Ursprünglich hatten in dem Raum in zwei bogenförmigen Nischen zwei Bänke mit niedrigen Kopfstützen gestanden. Die Decke war mit einer Vertäfelung verziert, auf der im Relief mittig ein Kranz dargestellt wurde, den vier kleine Kreise umgaben.

Ein weiterer interessanter Friedhof befindet sich auf dem Blutacker, der südlich des Bergs Zion an der Stelle liegt, an der das Kidrontal und das Hinnomtal aufeinandertreffen. Nach der Überlieferung des Evangeliums kauften die Priester das Feld von einem Töpfer mit den 30 Silberlingen, die Judas im Tempel auf den Boden geworfen hatte (Matthäus 27,3-8; Apostelgeschichte 1,19). Seit den ersten Erkundungen im 19. Jahrhundert wurden zahlreiche der Felsengräber auf dem Blutacker untersucht. Diese Forschungen haben in den letzten Jahren noch zugenommen.

So entdeckte man in der Nähe der unter dem Acker entlangführenden Straße ein Grab mit mehreren Räumen, das einzigartige Funde offenbarte sowie ein weiteres Grab mit einem Leichentuch aus dem 1. Jahrhundert – dem ersten, das jemals in Jerusalem gefunden wurde.

Blick auf den Blutacker (Akeldamach) und das griechisch-orthodoxe St. Onuphrius-Kloster.

Das Herodium

Das Herodium (Jebel Fureidis) ist eine Palast- und Festungsanlage im Südosten Jerusalems. Sie ist aus drei Gründen interessant: Erstens ist ihre Landschaftsprägung in der Architekturgeschichte Israels einzigartig, zweitens wurde sie als Denkmal zur Erinnerung an die Entscheidungsschlacht zwischen Herodes dem Großen und den Hasmonäern im Jahr 40 v.Chr. erbaut (wenn diese Schlacht anders geendet hätte, wäre die Geschichte wohl sehr anders verlaufen) und drittens befindet sich dort das Mausoleum des Herodes. Obwohl im Herodium schon längere Zeit umfangreiche Ausgrabungen stattfanden, entdeckte man erst im März 2007 auf dem Nordhang des gut sichtbaren Palast- und Festungshügels die Grabstätte von Herodes dem Großen. Es wurden bedeutende Teile eines aus feinbehauenen Quadersteinen (Ashlar) errichteten Sockels für ein Grabmonument gefunden. Der Sockel befand sich in der Nähe der „steil hinaufführenden" Stufen, die der antike Historiker Flavius Josephus beschreibt. In der Umgebung fanden die Archäologen Dutzende Bruchstücke eines sehr großen Steinsarkophags, der mit geschnitzten Rosetten verziert war und welcher der Sarg Herodes gewesen sein könnte. Auf jeden Fall waren die Archäologen, die das Geheimnis um die Grabstelle von Herodes dem Großen hatten lüften wollen, mit diesen Funden sehr zufrieden. Zwei Rätsel gilt es jedoch weiterhin zu lösen: Wo befinden sich seine sterblichen Überreste? Und wer waren die Menschen, die den Sarkophag in Stücke schlugen? Bis zum heutigen Tag hat sich Herodes das letzte Wort darüber selbst vorbehalten.

Oben links
und rechts:
Luftaufnahmen
des Herodiums.

Oben: Die Festungsanlage im Schnee. Unten links: Der innere Säulenhof der Festung. Unten rechts: Ein Schmuckmosaik auf dem Fußboden.

„… erbaute er eine Festung an dem Orte, wo die Juden von ihm besiegt worden waren, nachdem Antigonus ihn vertrieben und sich der Herrschaft bemächtigt hatte. Dieser Ort war von Jerusalem gegen 60 Stadien entfernt und schon von Natur zur Befestigung sehr geeignet. In seiner nächsten Nähe nämlich liegt ein mäßiger Hügel, der sich so in die Höhe erhebt, als wäre er von Menschenhand gemacht, und in seiner Gestalt Ähnlichkeit mit einer weiblichen Brust aufweist. Diesen Hügel versah Herodes mit runden Türmen und machte ihn schwer zugänglich, indem er eine steile, aus zweihundert Quadersteinstufen bestehende Treppe zu ihm hinaufführte. Im Inneren der Türme befanden sich prachtvolle königliche Gemächer, die ebenso der Sicherheit wie auch der Verschönerung dienten, und am Fuße des Hügels waren Wohnungen erbaut, welche einen herrlichen Ausblick gewährten, und für die, weil der Ort kein Wasser hatte, Wasserleitungen angelegt waren, die man mit großen Kosten aus weiter Ferne herangeführt hatte. Die Ebene ringsum wurde gleichfalls mit Gebäuden besetzt, sodass sie das Ansehen einer großen Stadt darbot, über welcher sich der Hügel wie eine Burg erhob."

(Flavius Josephus, Jüdische Altertümer, 15. Buch, 9. Kapitel, 323-325, übersetzt von Dr. Heinrich Clementz, Wiesbaden: Marixverlag, 2011[3], S. 751)

Die Unterstadt von Herodium, zu der eine Piste, Paläste und Wasserbecken gehörten.

Blick auf die Becken. Unten links im Bild eine osmanische Festungsanlage. Im Bildhintergrund die judäische Wüste.

Die Teiche Salomos

Zwei der drei Teiche Salomos liegen in der Nähe von Betlehem. Eigentlich handelt es sich dabei um Wasserreservoirs, die von Salomo angelegt worden waren, um das Wasser der lokalen Quellen zu regulieren und zu stauen. In römischer Zeit wurde aus diesen Reservoirs Wasser über ein Aquädukt nach Jerusalem geleitet.

Der Legende nach ging Salomo, wenn er sich entspannen und seine Gedanken sammeln wollte, zu diesen Teichen mit ihren grünen Gärten und plätschernden Quellen. Bei meinen letzten Besuchen vor Ort im Jahr 2006 musste ich leider feststellen, dass die Teiche zum Großteil ausgetrocknet waren und die angrenzenden Flächen zur Müllentsorgung genutzt wurden.

Hebron und die Patriarchengräber

Mitten in Hebron liegt ein von allen Seiten von Häusern umgebener Ort, der Juden, Christen und Muslimen gleichermaßen heilig ist. Hier sollen Abraham, Isaak und Jakob begraben sein. In 1. Mose 23,7-20 wird beschrieben, wie Abraham auf der Suche nach einer passenden Grabstätte für seine Frau Sara von dem Hetiter Efron für 400 Schekel ein Feld mit einer Höhle erwarb. Im Hebräischen ist diese Höhle als Höhle von Machpela bekannt, im Arabischen als Haram el-Khalil. Heute ist der Ort von einer Mauer aus der Zeit von Herodes dem Großen umgeben. Die Steinarbeiten an der Innenseite der Außenmauer sind wirklich bemerkenswert und zeichnen sich durch ihre herodianische Machart und Steinblöcke von zum Teil 7,5 Metern Länge aus. Anhand dieser Einfriedung kann man sich eine Vorstellung davon machen, wie die Mauern im Herodestempel in Jerusalem ausgesehen haben könnten.

Rechts und unten: Blick auf den Haram el-Khalil-Komplex mitten in Hebron aus unterschiedlichen Perspektiven.
Links: Die Patriarchengräber innerhalb der Einfriedung.

„Abraham begrub Sara in Kanaan, in der Höhle in Machpela bei Mamre, das ist bei Hebron. Der Acker samt der Höhle wurde Abraham von den Hetitern als Familiengrab übereignet.“ (1. Mose 23,19-20)

Oben: Blick auf die Ruinen von Qumran, die Heimat der Jachad. Im Hintergrund ist das Tote Meer zu sehen. Rechts unten: eine Ledersandale.

Qumran und die Schriftrollen vom Toten Meer

Qumran ist in der ganzen Welt als der Ort bekannt, an dem die Schriftrollen vom Toten Meer gefunden wurden. Im Jahr 1947 wagte sich ein Junge aus dem Stamm der Ta'amireh-Beduinen in eine dunkle Höhle und machte eine sensationelle Entdeckung, die unser Wissen über die Zeit des zweiten Tempels buchstäblich über Nacht auf den Kopf stellte. Das Kind hatte 2 000 Jahre alte Schriftrollen entdeckt. Darunter befanden sich Texte religiösen und sektiererischen Inhalts, die offensichtlich alle zur Bibliothek einer Gemeinde gehörten, die sich selbst als Jachad (wörtlich „Einung") bezeichnete. Allgemein geht man davon aus, dass es sich hierbei um die Sekte der Essener handelt, die kurz von Plinius dem Älteren und in den Schriften von Flavius Josephus Erwähnung finden.

Die Schriftrollen fanden ihren Weg in den Antiquitätenhandel und kamen so auf verschlungenen Wegen zu den Forschern. Sobald klar war, dass die Rollen aus den Höhlen in der Nähe von Qumran stammten, strömten die Archäologen herbei und begannen mit Ausgrabungen in den Höhlen und bei der alten Siedlung. Die Siedlung selbst ist recht unspektakulär: Einfache Steinmauern, ein paar Gebäude, Kanäle und Wasseranlagen. Dennoch wird es Archäologen in Qumran niemals langweilig und sie werden nicht aufhören, die Geheimnisse des Ortes und der umliegenden Höhlen zu erforschen.

Flavius Josephus beschreibt die Essener wie folgt: „Auf eine eigentümliche Art verehren sie die Gottheit. Bevor die Sonne aufgeht, sprechen sie kein unheiliges Wort, sondern sie richten an das Gestirn gewisse altherkömmliche Gebete, als wollten sie seinen Aufgang erflehen. Hierauf werden sie von den Vorstehern zu der Arbeit entlassen, auf die jeder von ihnen sich versteht. Wenn sie bis zur fünften Stunde fleißig gearbeitet haben, kommen sie an einem bestimmten Ort zusammen, binden ein leinernes Tuch um und waschen sich den Körper mit kaltem Wasser. Nach dieser Reinigung gehen sie in ein besonderes Gebäude, das kein Angehöriger einer anderen Sekte betreten darf, und versammeln sich hier, gereinigt, im Speisesaal, wie in einem Heiligtum. Dort setzen sie sich in aller Ruhe nieder, und der Bäcker legt ihnen der Reihe nach Brote vor, während der Koch jedem eine Schüssel mit einem einzigen Gericht aufträgt. Ehe das Mahl beginnt, spricht der Priester ein Gebet, und vor dem Gebet darf niemand etwas verzehren. Nach dem Essen betet er wieder, sodass zu Anfang und zu Ende der Gott als Spender der Nahrung geehrt wird. Nachdem sie ihre gleichsam geheiligten Kleider abgelegt, gehen sie bis zur Abenddämmerung wieder an ihre Arbeit. Dann kehren sie zurück und speisen auf dieselbe Weise […].“ (Flavius Josephus, Geschichte des jüdischen Krieges, 8. Kapitel, 5, Übersetzung von Heinrich Clementz, Wiesbaden: Fourier Verlag, 1982[5], S. 143f.)

Die Eingänge zu den Höhlen, in denen die Schriftrollen vom Toten Meer gefunden wurden.

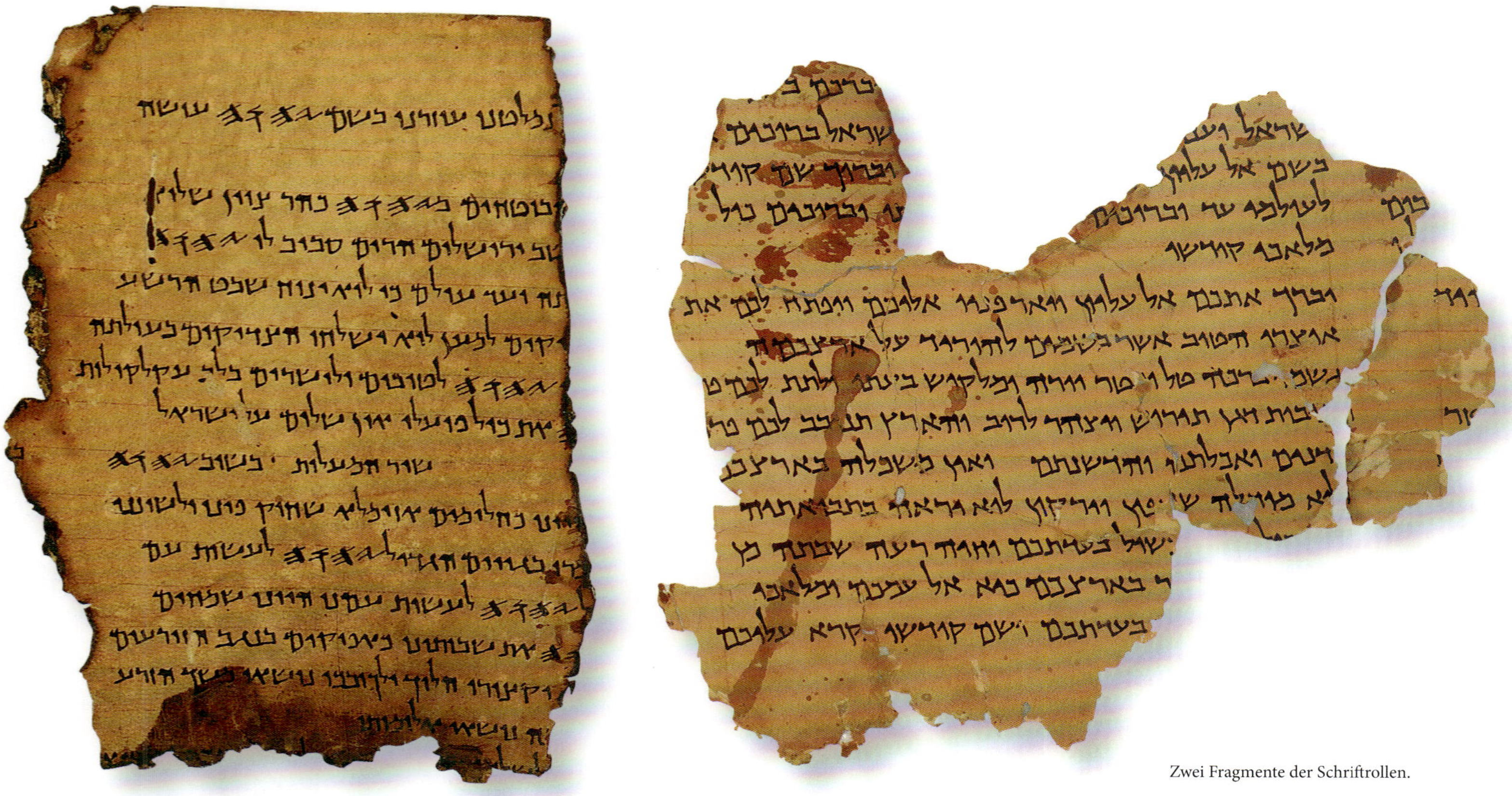

Zwei Fragmente der Schriftrollen.

„Zu wissen, dass in irgendeinem Winkel in einer der Höhlen noch ein oder zwei Schriftrollen oder ein Haufen von Fragmenten verborgen sein können, sorgt bei uns Wissenschaftlern für einen Kick, den man ansonsten nur nach dem Genuss illegaler Drogen zu spüren bekommt. Qumran muss als Schlaraffenland für Gelehrte weltweit betrachtet werden und es hat das Beste und das Schlechteste innerhalb der Wissenschaftsgemeinde zutage gebracht."
(S. Gibson, The Cave of John the Baptist, 2004, S. 146)

Hafenanlagen am Toten Meer

Es ist sehr wahrscheinlich, dass es sich bei der Fundstätte Khirbet Qumran um eine Siedlung der Essener handelt, allerdings gehen viele Archäologen davon aus, dass hier nicht nur ein Ort des Gebets und der Meditation zu finden war, sondern auch ein blühendes Wirtschaftszentrum. Im Sommer kann es hier höllisch heiß werden, manchmal klettern die Temperaturen auf 40 Grad. Da mögen die Bewohner der Siedlung in dem Palmenhain und den kleinen Gärten ringsum die Siedlung Schatten gefunden haben. Wahrscheinlich trieben die Mitglieder der Gemeinde in Qumran auch Handel und transportierten Balsamöle und andere Waren wie Salz oder Asphalt vom Toten Meer ins Binnenland. Tatsächlich fand man an der Küste des Toten Meeres mehrere Hafenanlagen, darunter Khirbet Mazin und Ruim el-Bahr.

Khirbet Mazin, Überreste der Festung und der Kaimauern.

Blick nach Norden über Tulul Abu-el-Alayiq, wo einst die Paläste der Hasmonäer und des Herodes standen.

Jericho: Die Winterpaläste des Herodes

Eines der Wasserbecken in dem Palast bei Jericho wurde Schauplatz eines kaltblütigen Mordes. Opfer war ein ausgesprochen attraktiver junger Mann namens Aristobulos. Seine Ermordung kann als Wendepunkt im Streit zwischen König Herodes und der hasmonäischen Familie betrachtet werden. Der siebzehnjährige Aristobulos war gegen den Wunsch Herodes und ungeachtet seines jungen Alters offiziell zum Hohepriester von Jerusalem ernannt worden, was Herodes großes Unbehagen bereitete. Als er eines Tages in einem der hasmonäischen Winterpaläste zu Gast bei Aristobulos' Mutter Alexandra weilte, schmiedete er daher einen teuflischen Plan: Er wollte Aristobulos töten und das Ganze wie einen Unfall aussehen lassen.

Bei Ausgrabungen an der unweit von Jericho gelegenen Fundstätte Tulul Abu-el-Alayiq kamen Überreste des hasmonäischen Palastes und zweier angrenzender Wasserbecken zutage. Herodes der Große erbaute an genau diesem Ort später eine ganze Reihe prächtiger Paläste, die ebenfalls von den Archäologen freigelegt wurden. Zu den Palastkomplexen gehörten auch Pavillons, Empfangshallen, Bäder und sogar Gärten. Wenn hier römische Würdenträger zu Gast waren, mussten sie sich wie zu Hause gefühlt haben. Herodes war auf jeden Fall ein erfolgreicher und kreativer Baumeister, auch wenn er wie viele Könige der damaligen Zeit nachtragende und mordlustige Charakterzüge aufwies. Im Jahr 4 v.Chr. starb Herodes an Herz- und Nierenversagen nach einer bösartigen Krankheit, die von unkontrollierbaren Wutanfällen und sadistischen Anwandlungen begleitet wurde.

„Als er daher nach dem Feste von Alexandra nach Jericho zum Mahle geladen war, suchte er [Anm.: Herodes] durch Schmeicheleien den Jüngling an einen stillen Ort hinzulocken und stellte sich dann, als wollte er sich mit ihm in jugendlichem Spiel ergötzen. Da es aber an dem Orte sehr heiß war, gingen sie, ermattet vom Spiel, beiseite und traten an die Fischteiche, die in beträchtlicher Größe die Anlagen umschlossen und bei der Hitze angenehme Kühlung gewährten. Zunächst nun sahen sie einigen ihrer Freunde zu, wie diese in dem Wasser schwammen, und als sich dann der Jüngling auf Zureden des Herodes gleichfalls unter sie mischte, tauchten ihn die Freunde des Herodes, welche dieser entsprechend beauftragt hatte – es dämmerte bereits –, unter dem Schein des scherzhaften Spiels unter und ließen ihn nicht eher los, als bis sie ihn ertränkt hatten."

(Flavius Josephus, Jüdische Altertümer, 15. Buch, 3. Kapitel, 53-56, übersetzt von Dr. Heinrich Clementz, Wiesbaden: Marixverlag, 2011[3], S. 716f.)

Oben: Zerfallenes Mauerwerk in den versunkenen Gärten.
Unten: Blick auf die aktiven Ausgrabungen. Rechts unten im Bild sind die Wasserbecken zu sehen.

„Ich kehrte zur Rückseite von Alexandras Palast zurück und ging dann weiter ins Tal hinunter. Dort fand ich zahlreiche Wasserbecken, in deren schmalen Verbindungsrinnen nicht mehr Wasser floss als durch einen halb geöffneten Wasserhahn. Das rinnende Wasser murmelte leise in der vollkommenen Stille. Manchmal war ein fallender Stein in den Schatten hinter mir zu hören oder der Flügelschlag eines Nachtvogels, der über mich hinwegrauschte. Was für ein Gefühl der Einsamkeit!"

(Egon H. E. Lass, The Seasons of Tulul, 2005, S. 91)

Die Festungsanlage von Masada wird nachts beleuchtet. Auf der Seite gegenüber: Die Terrassen am nördlichen Ende von Masada. Oben auf dem Hügel befinden sich lange Lagergebäude und ein Badehaus.

Masada

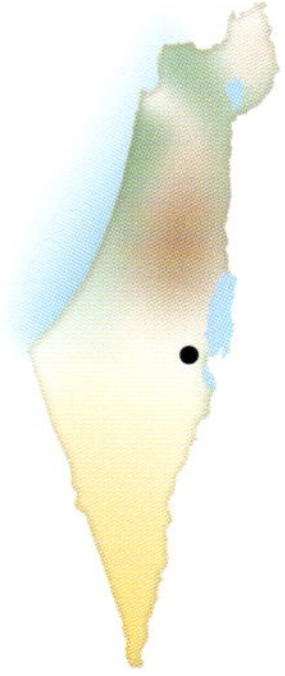

Masada ist eine prachtvolle archäologische Fundstätte. Die hoch im Osten der Judäischen Wüste gelegene Festung blickt erhaben auf das Tote Meer und wurde Zeuge dramatischer Ereignisse in der Geschichte des jüdischen Volkes. Unter anderem war sie Schauplatz des letzten Akts im jüdischen Widerstandskampf gegen die Römer. Die beste Quelle für die Ereignisse in Masada und den Fall der Festung sind die Schriften des Historikers Flavius Josephus aus dem 1. Jahrhundert (Geschichte des jüdischen Krieges II, 477; VII, 252-253).

Bei den Ausgrabungen unter dem berühmten General, Politiker und Archäologen Yigael Yadin in den 1960er-Jahren wurden unter anderem luxuriöse Paläste entdeckt, von denen einer auf wundersame Weise am nördlichen Felshang des Berges hing. Die ganze Anlage war auf verschiedene Ebenen verteilt. Neben den Palästen entdeckte man auch ein großes Badehaus, Lagerräume, Gewölbe, ein rituelles Tauchbecken (Mikwa), große Wasserreservoirs und eine Synagoge. Außerdem fand man eine große Zahl alter Manuskripte, unter anderem eine Abschrift des Predigerbuches, sowie mehrere mit Tinte beschriftete Tonscherben (Ostraka). Die von Herodes dem Großen erbaute Festung wurde nach dem Fall von Jerusalem im Jahr 70 n.Chr. noch drei Jahre lang von den Zeloten gehalten. Dann wurde sie nach einer Zeit der Besetzung von dem römischen Gouverneur Flavius Silva eingenommen. Silva hatte auf der Westseite der Festung einen riesigen Wall aus Erde und großen Steinen aufschütteln lassen. Als die Römer schließlich die Mauern der Festung durchbrachen, entschieden sich die Verteidiger unter der Führung von Eleazar Ben Yair, „weder den Römern noch sonst jemand untertan zu sein als Gott allein" und begingen Selbstmord.

Tonscherben mit hebräischen Namen, die bei den Ausgrabungen gefunden wurden.

Eines der römischen Militärlager. Im Hintergrund ist Masada zu sehen.

Yadin gelang es, elf der bei Masada gefundenen Ostraka als die „Lose" zu identifizieren, welche die Verteidiger für die Durchführung des Massenselbstmords genutzt hatten. Eine der Tonscherben trägt den Namen Ben-Yair. Yadin schreibt hierzu: „Hatten wir wirklich die Tonscherben gefunden, die zum Auslosen verwendet worden waren? Wir werden es nie mit vollständiger Sicherheit wissen. Doch die Tatsache, dass eine der elf beschriebenen Tonscherben den Namen ‚Ben-Yair' trug, macht dies doch sehr wahrscheinlich. Auf wen sollte die ohne weiteren Kontext stehende Beschriftung ‚Ben Ya'ir' auf einer Tonscherbe aus dem Masada dieser Zeit sich denn sonst beziehen, wenn nicht auf Eleazar Ben Yair?" (Y. Yadin, Masada, 1966, S. 197)

„[...] und wählten hierauf zehn ihrer Genossen aus, die alle übrigen töten sollten. Hingestreckt an der Seite seiner Gattin und seiner Kinder und die Arme über sie ausbreitend, bot jeder von ihnen bereitwillig seine Kehle dem mit dem traurigen Amt Beauftragten dar. Kaum hatten diese ohne zu zögern alle getötet, als sie durchs Los die gleiche Entscheidung für sich selbst trafen: Der, auf den das Los fiel, sollte die anderen neun und endlich sich selbst umbringen [...].“ (Flavius Josephus, Geschichte des jüdischen Krieges, 9. Kapitel, 1, übersetzt von Dr. Heinrich Clementz, Wiesbaden: Fourier Verlag, 19825, S. 489)

Das römische Lager über der Höhle der Briefe in Nachal Chever.

Die Höhlen in der Judäischen Wüste und der Bar Kochba-Aufstand

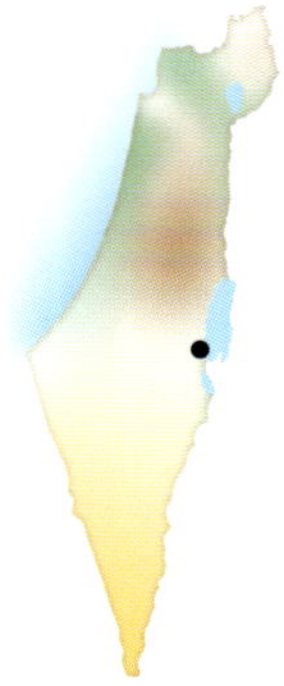

Im Saal hätte man eine Stecknadel fallen hören. Die Stimmung war spannungsgeladen. An diesem Tag im Jahr 1960 hielt Yigael Yadin im Haus des Präsidenten in Jerusalem eine Rede. Mit einem Diaprojektor warf Yadin das Bild eines alten Dokuments an die Wand, das er gerade in einer der Höhlen in der Judäischen Wüste gefunden hatte. Dann las er laut die erste Zeile des Schriftstücks vor – „Simon Bar Kochba, Präsident von Israel" – und wandte sich anschließend mit den folgenden Worten an den damaligen israelischen Präsidenten Ben-Zvi: „Eure Exzellenz, ich habe die Ehre, Ihnen mitteilen zu können, dass wir fünfzehn Schriftstücke gefunden haben, die von dem letzten Präsidenten Israels vor 1800 Jahren verfasst oder diktiert wurden." Daraufhin wurde die Stille im Saal mit einem Schlag von spontanen Freuden- und Begeisterungsrufen unterbrochen.

In den Jahren 1960-1961 wurden die Höhlen an den steilen, zum Toten Meer abfallenden Hängen der Wadis eine nach der anderen methodisch untersucht. Freiwillige und Soldaten unterstützten die von Archäologen geleiteten Teams. Wichtiger noch als die Funde aus der Kupfer- und Eisenzeit waren die Schriftrollen, Dokumente und Objekte, die jüdische Flüchtlinge während des zweiten Aufstands gegen die Römer (132-135 n.Chr.) dort versteckt hatten. In Nachal Chever stießen die Teams am Rande eines Felsvorsprungs auf eine römische Belagerungsstätte, die den Flüchtlingen, die sich in den darunter liegenden Höhlen versteckt hielten, den Fluchtweg abschneiden sollte. In einer dieser Höhlen, später als „Höhle des Grauens" bezeichnet, machten die Archäologen einen schrecklichen Fund: Sie entdeckten an die 40 Skelette von Erwachsenen, Kindern und sogar Säuglingen.

Brief von Bar Kochba, der im Wadi Murabba'at gefunden wurde: „Von Schim'on an Jeschua'ben Galgula. Frieden! Du sollst dich rüsten, fünf Kor Weizen zu schicken durch [...] Und ich habe verordnet einem jeglichen, dass er dir seinen Weizen geben soll. Nach dem Sabbat sollen sie ihn zurückbringen (darwiegen).“ (Johannes Leipoldt und Walter Grundmann (Hrsg.), Umwelt des Urchristentums II, Berlin: Evangelische Verlagsanstalt, 1986[7], S. 131)

„Ich wagte es nicht, die Papyri zu berühren, aber es gelang mir, aus dem Bündel vorsichtig zwei der vier Holzbrettchen herauszuziehen, die ich in der Höhle entdeckt hatte. Die anderen beiden blieben weiterhin zusammengefaltet im Bündel. Die beiden Brettchen, die ich aus dem Bündel gezogen hatte, waren mit Tinte in deutlich erkennbaren Buchstaben beschriftet. Die kursive Schrift entsprach dem in Murabba'at entdeckten Schriftstil. Ich übertrug die Buchstaben auf ein Stück Papier, einen nach dem anderen – dabei schrieb meine Hand wie von selbst, ohne dass ich den Sinn der Worte bewusst erfasst hätte. Als ich mir mein Gekritzel dann noch einmal anschaute, konnte ich meinen Augen kaum trauen: Dort stand ‚Simon Bar Kochba, Präsident von Israel'! Ich eilte zu meiner Frau Carmella und erzählte ihr davon. Und sie fragte: ‚Bist du dir sicher oder halluzinierst du mal wieder?' ...“ (Yigael Yadin, Bar Kokhba, 1971, S. 122)

Die Höhle der Briefe in Nachal Chever.

Die Nabatäer in der Negev-Wüste

Die Herkunft der faszinierenden Nabatäer liegt im Dunkeln. Es kann sein, dass sie ursprünglich von weither kamen, zum Beispiel aus Kedar, vom Persischen Golf oder dem arabischen Hedschas. Eines wissen wir jedoch mit Sicherheit: 312 v.Chr. hatten sie bereits ihr Zentrum in Petra etabliert und konnten sich erfolgreich gegen die Angriffe von Antigonos dem Einäugigen wehren, der einer der Anführer bei den Feldzügen Alexander des Großen im Osten war.

Die Nabatäer waren die Kaufleute schlechthin. Petra, von den Nabatäern Raqmu genannt, war ein Handelszentrum für Karawanen aus dem Osten. Eine wichtige Handelsstraße führte von der Stadt aus durch die Negev-Wüste nach Westen. In der Negev-Wüste gab es auch mindestens sechs größere nabatäische Siedlungen: Nizana, Schivta, Elusa, Avdat, Rechovot und Mamschit. Eine besondere Fähigkeit hatten die Nabatäer auch, was die Wasserversorgung unter Wüstenbedingungen anbelangte. Sie verfügten über ausgesprochen fortschrittliche Bewässerungssysteme. Die komplexe Terrassenlandwirtschaft, die viele Forscher den Nabatäern zugeschrieben hatten, wurde allerdings wohl erst später in byzantinischer Zeit und in der Zeit der Umayyaden betrieben. Die Nabatäer sprachen Arabisch, doch ihre Lingua Franca war das Aramäische. Ihre Hauptgottheiten waren der Gott Duschara und die Göttin Al-Uzza. Ab ungefähr 100 v.Chr. entstand eine spezielle bemalte Töpferkunst, die den Nabatäern zugeschrieben wird. Die ersten nabatäischen Münzen stammen aus den Jahren 62-60 v.Chr.

Bei den Ausgrabungen in Moa entdeckte man diese Ölpresse.

Plinius der Ältere beschreibt die Handelsstraßen des 1. Jahrhunderts n.Chr. so: „Er [Weihrauch] kann [aus Arabien] nicht anders als durch das Land der Gebaniter ausgeführt werden, daher wird auch dem Könige derselben ein Zoll erlegt. Ihre Hauptstadt Thomna ist von der auf unserer Küste belegenen jüdischen Stadt Gaza, [...] entfernt, welche Strecke in 65 Kameel-Stationen getheilt wird. [...] Wohin ihr Weg geht, müssen sie hier für Wasser, dort für Futter oder das Quartier und allerlei Zölle zahlen, sodass die Kosten für jedes Kameel sich bis an unsere Küste auf 688 Denar belaufen, und dann wird noch an die Zollpächter unseres Reiches abgegeben.“ (Zitiert in: Cajus Plinius Secundus, Die Naturgeschichte des Cajus Plinius Secundus, Dritter Band: Naturgeschichte der Pflanzen, 12. Buch, übersetzt von Prof. Dr. C. G. Wittstein, Leipzig: Verlag von Gressner und Schramm, 1881, S. 21)

Ein in Moa entdecktes Gebäude.

Sepphoris (Diocaesarea)

Während eines heftigen Schneesturms gelang es Herodes dem Großen schließlich, die kleine Stadt Sepphoris in Untergaliläa einzunehmen, doch nach seinem Tod rächten sich die Bewohner unter der Führung von Judas, dem Sohn Ezechias, und plünderten den königlichen Palast. Rache ist ein starkes Gefühl. Später erlebte Sepphoris unter Herodes Sohn Herodes Antipas eine Blütezeit und entwickelte sich zur Hauptstadt Galiläas. Nach dem Aufstand der Juden gegen die Römer verlieh Vespasian der Stadt den Status einer Polis und Hadrian benannte Sepphoris später in Diocaesarea um. In der Stadt entstanden einige prächtige Gebäude, unter anderem ein Tempel und ein Theater sowie große Wohnhäuser mit exquisiten Mosaikböden. Im späten 2. und frühen 3. Jahrhundert n.Chr. wurde Sepphoris zum Sitz des jüdischen Sanhedrins (Hohen Rats) unter dem Rabbi Juda HaNassi und es heißt, der berühmte Rabbi habe hier seine Überarbeitung der Mischna abgeschlossen.

Oben: Das römische Theater von Sepphoris.
Links: Die Ausgrabungsarbeiten in Sepphoris.
Rechts: Mosaikboden, der bei den Ausgrabungen in Sepphoris (Diocaesarea) entdeckt wurde.

Jodfat (Jotapata)

Ganz in der Nähe von Sepphoris liegt Jodfat. Dieser Ort wurde einst von Flavius Josephus befestigt, der vor seiner Zeit als berühmter Historiker in der jüdischen Armee diente. Im Jahr 67 n.Chr. belagerten Vespasian und seine römischen Soldaten die Stadt 47 Tage lang und zwangen sie schließlich zur Kapitulation. Jodfat war eine kleine jüdische Stadt mit Wohnhäusern und einfachen rituellen Tauchbecken (Mikwaot). Manche der Wohnhäuser ähnelten Palästen – bei Ausgrabungen kamen farbenfrohe Wandgemälde und Stuckreliefs zutage. Außerdem fand man zahlreiche Überreste aus der Zeit der Stadteroberung durch Vespasian, unter anderem Wurfgeschosse sowie Pfeil- und Katapultspitzen aus Eisen. Die von den jüdischen Verteidigern eiligst ausgebauten Wehranlagen hatten die Römer nicht aufhalten können.

Gamla

Gamla ist eine faszinierende archäologische Stätte. Sie thront auf einem Hügel in den Golanhöhen, der die ungewöhnliche Form eines Kamelhöckers aufweist. Im 19. Jahrhundert stritten sich die Wissenschaftler noch, wo genau das von Flavius Josephus beschriebene und 67 n.Chr. von den Römern zerstörte Gamla gelegen hatte. Erst 1968 konnte die genaue Lage endlich bestimmt werden. Seit 1976 fanden vor Ort Ausgrabungen statt, die eine eindrucksvolle Reihe von Relikten aus dem Gamla des 1. Jahrhunderts zutage brachten. Unter anderem entdeckte man Festungsanlagen, Wohnhäuser, eine Ölpresse und ein großes öffentliches Versammlungsgebäude, das als Synagoge identifiziert werden konnte. Pfeilspitzen, Wurfgeschosse sowie Brandspuren erzählen von der Belagerung der Stadt durch die Römer.

Oben: Blick auf die Ausgrabungsstätte von Jodfat. Unten: Zwei Bilder der in Gamla entdeckten Synagoge. In der Mitte rechts: Münzen, die bei den Ausgrabungen gefunden wurden.

Blick auf den Kamelhöckerhügel von Gamla. Im Vordergrund das Dorf aus byzantinischer und osmanischer Zeit.

„Nun ließen die Römer an drei Stellen Sturmböcke arbeiten und brachten auf diese Weise die Mauern zum Einsturz. Unter lautem Trompetenklang, Waffenlärm und Schlachtgeschrei strömten sie durch die Breschen in die Stadt ein und gerieten mit den Gegnern ins Handgemenge."

(Flavius Josephus, Geschichte des jüdischen Krieges, 4. Kapitel, übersetzt von Dr. Heinrich Clementz, Wiesbaden: Fourier Verlag, 1982[5], S. 273)

Ein Gutshof aus der Zeit des Herodes bei Horvat Aqav über der Scharon-Ebene. Der kleinere, quadratische Bereich zeigt die Ausmaße des Gutshofs, der als Nachfolger des ersten, größeren Hofs in byzantinischer Zeit erbaut wurde.

Ramat HaNadiv

Die Quelle und Überreste einer Festungsanlage aus der Zeit des Herodes in Horvat Eleq.

Auf dem südlichen Karmelgebirge befindet sich der Ramat HaNadiv-Park mit dem Grab des Barons Rothschild und den beiden interessanten archäologischen Fundstätten Horvat Eleq und Horvat Aqav. In dem nahe einer Quelle gelegenen Horvat Eleq fand man die Überreste eines Badehauses mit Mosaikboden sowie eines befestigten Palastes aus der Zeit des Zweiten Tempels, bei dem es sich wahrscheinlich um einen sehr großen Gutshof handelte. Einen weiteren aufregenden Fund gab es direkt an der Quelle: Hier stieß man auf insgesamt 2 000 Münzen aus der Zeit vom 4. bis zum 6. Jahrhundert n.Chr. In Horvat Aqav, von wo aus man einen atemberaubenden Ausblick auf die Sharon-Ebene und das Mittelmeer hat, kamen zwei übereinanderliegende Gehöfte zutage. Das untere stammt aus der Zeit von Herodes, das obere aus byzantinischer Zeit.

Wasserrituale in Schuni

In der Nähe von Ramat HaNadiv liegt die Ausgrabungsstätte Schuni. Der Quelle von Schuni werden Wunderkräfte zugeschrieben. Auch der Autor des *Itinerarium Burdigalense* erwähnt sie in den Erzählungen über seine Pilgerfahrt ins Heilige Land um das Jahr 332 n.Chr. Seinen Berichten zufolge glaubten die Menschen, dass Frauen umgehend schwanger würden, wenn sie im Wasser der Quelle badeten. Die Geschichten über die wunderlichen Vorfälle in Schuni können bis in römische Zeit zurückverfolgt werden. Damals fanden an der Quelle heidnische Wasserrituale statt, die von wilden Sexorgien und Strömen von Wein begleitet wurden. Hinter dem Theater brachten die archäologischen Ausgrabungen ein riesiges, halbkreisförmiges Becken zutage. Dieses Becken mit seinem Mosaikfußboden und Halterungen für Fahnen steckt voller Geheimnisse. Die markierten Linien und Bahnen im Becken dienten wahrscheinlich zur Positionierung und Orientierung der Teilnehmer an den Wasserspielen bei den heidnischen Festen. Laut Melalus von Antiochien wurden diese Feste alle drei Jahre zu Ehren von Dionysos und Aphrodite veranstaltet. Sie konnten bis zu 30 Tage dauern und manche der Festakte fanden in der Nacht statt. Es waren sicherlich erlebnisreiche, wenn auch nicht unbedingt jugendfreie Events.

Links: Griechische Inschrift auf einem Mosaikfußboden.
Unten: Blick auf die Ausgrabungsstätte von Schuni. Im Vordergrund des Bildes ist eine achteckige Kirche zu sehen, im Hintergrund das römische Theater.

Oben: Das Theater von Caesarea. Unten: Die Hafenanlage.

Caesarea Maritima

Herodes der Große gründete diese Stadt zu Ehren von Kaiser Augustus. Stadt und Hafen entwickelten sich rasch zu einem wichtigen Zentrum des ersten Jahrhunderts, von dem wir auch in den Schriften des Flavius Josephus lesen. Außerdem war Caesarea Schauplatz der Gerichtsverhandlung und Gefangenschaft von Paulus, der von dort aus in Ketten nach Rom gebracht wurde. Zu den bekannten Bewohnern der Stadt zählen Origenes und Eusebius, die an der christlichen Schule dort lehrten und dort eine eindrucksvolle Bibliothek zur Verfügung hatten. Es ist also nicht überraschend, dass die berühmte Bibelübersetzung Hexapla in Caesarea entstand. Bei archäologischen Ausgrabungen wurden große Teile der Küstenstadt und des Hafens freigelegt, unter anderem ein Theater, das wiederhergestellt wurde und in dem heute wieder Aufführungen stattfinden. Außerdem entdeckte man eine parallel zur Küste ausgerichtete Rennbahn, ein Prätorium, eine Palastanlage, die Stadtmauer, ein Badehaus, zahlreiche Kirchen und ein Hippodrom mit einem Obelisken aus Rosengranit.

„Am nächsten Morgen kehrten sie in die Festung zurück, während die Reiter ihn nach Cäsarea brachten. Als sie dort ankamen, führten sie Paulus dem Statthalter Felix vor und übergaben diesem den Brief. Er las ihn und fragte Paulus dann, aus welcher Provinz er stamme. ‚Aus Zilizien', antwortete Paulus. ‚Ich werde mir deinen Fall selbst vornehmen, wenn deine Ankläger eintreffen', teilte der Statthalter ihm mit. Dann befahl er, Paulus bis dahin im Gefängnis in Gewahrsam zu nehmen, das sich im ehemaligen Palast des Herodes befand." (Apostelgeschichte 23,32-35)

Die Rennbahn. Im Vordergrund des Bildes ist ein Teil des Prätoriums zu sehen.

Über diese Bogenbrücke versorgte das Aquädukt Caesarea mit Wasser.

1961 wurde in Caesarea ein Teil einer lateinischen Inschrift gefunden, in der von Pontius Pilatus und einem Tiberieum die Rede ist. Sie gibt Hinweis darauf, dass der Gouverneur von Judäa auch den Titel Präfekt trug. Der gefundene Teil der Inschrift lautet wohl, dass „für die Seeleute Pontius Pilatus als Präfekt Judäas ein Monument zu Ehren des Tiberius wiederherstellen ließ."

(Michael Rohde, Schätze der biblischen Zeit – 50 archäologische Entdeckungen rund um die Bibel, Holzgerlingen: SCM R. Brockhaus Verlagsgruppe, 2018, S. 343). Bei dem erwähnten Präfekten handelt es sich um den Pilatus, der in der Kreuzigungsgeschichte Jesu eine bedeutende Rolle spielt.

Links: Das Hippodrom mit dem Obelisken.
Rechts: Fragment der Pontius-Pilatus-Inschrift.

Schrägaufnahme des Hafens von Caesarea. Die schwarzen Schatten unter Wasser geben Hinweise auf den Hafen aus der Römerzeit.

Oben und rechts: Die Ausgrabungsarbeiten in Aschkelon.

Aschkelon

Aschkelon gehörte zu den größeren Städten an der Mittelmeerküste und wurde von Herodes dem Großen daher mit „prachtvollen Bädern und Brunnen sowie mit Säulenhallen von staunenswerter Größe und Arbeit" ausgestattet (Flavius Josephus, Geschichte des jüdischen Krieges, übersetzt von Dr. Heinrich Clementz, Wiesbaden: Fourier Verlag, 1982[5], S. 78). Die ersten wichtigen Überreste des hellenistischen und römischen Aschkelon brachten britische Archäologen in den frühen 1920er-Jahren zutage. Sie fanden unter anderem ein Bauwerk aus der Römerzeit, das als Buleuterion, also als Versammlungsstätte des Stadtrats, identifiziert werden konnte. Das an einem Ende wie ein Theater geformte Gebäude wurde über einen von korinthischen Säulen gesäumten Vorhof betreten. Die Außenwände waren mit geflügelten Siegesgöttinnen verziert, von denen eine auf einer von Atlas getragenen Weltkugel stand und einen Kranz und Palmzweige in den Händen hielt. Das römische Aschkelon war eine Hochburg der lokalen heidnischen Kulte, doch insgesamt herrschte in der Stadt eine weltoffene Vielfalt und es gab auch eine große jüdische Gemeinde. Unter den zahlreichen Fragmenten römischer Skulpturen wurden auch Teile von Götterdarstellungen sowie der Fuß einer monumentalen Statue gefunden. Außerdem entdeckte man einen eindrucksvollen, mit Szenen aus der Amazonenschlacht verzierten Sarkophag, der sich heute im Innenhof des Rockefeller-Museums in Jerusalem befindet. Bei späteren Ausgrabungen kam ein Gebäude aus byzantinischer Zeit zutage, bei dem es sich um ein Bordell gehandelt haben könnte. Zu dem Gebäude gehörte auch ein gekacheltes Bad, vor dem eine Inschrift zum „Eintreten und Genießen" einlud.

Sarkophag mit Darstellungen von Frauen, Männern und der Amazonenschlacht.

Im 1. Jahrhundert v.Chr. schreibt Strabo von Amaseia: „Das Land der Askaloniten ist gut geeignet zum Zwiebelanbau, ihr Städtchen jedoch klein. Von hier war der kurz vor uns lebende Philosoph Antiochus gebürtig […].“

(Zitiert in: Strabo's Erdbeschreibung, übersetzt von Dr. A. Forbiger, Stuttgart: Krais und Hoffmann, 1860, S. 37)

Oben: Griechische Inschrift auf einem Mosaikboden.

Bet-Gubrin

Bet-Gubrin verdankt seinen Aufstieg zur Macht dem Niedergang seiner Nachbarstadt Marescha (Marisa). Als letztere von den Parthern im Jahr 40 v.Chr. zerstört wurde, übernahm Bet-Gubrin die Rolle der wichtigsten Stadt in der Region. 200 n.Chr. gab Septimus Severus der Stadt einen neuen Namen. Er taufte sie Eleutheropolis, „Stadt der Freien“. Vor nicht allzu langer Zeit wurden hier bei Ausgrabungen ein bemerkenswert gut erhaltenes Amphitheater und ein Badehaus aus römischer Zeit sowie Ruinen aus späteren Zeiten, darunter die einer Kreuzfahrerkirche, gefunden. Bei der Kreidegewinnung in der Antike haben die Menschen in der Gegend um Bet-Gubrin glockenförmige Höhlen in den Felsen geschlagen. Diese wunderschönen „Glockenhöhlen“ sind ein herausragendes Fotomotiv und dienen oft als Veranstaltungsort für Klassikkonzerte.

Blick auf die Ausgrabungsstätte von Bet-Gubrin mit dem Amphitheater im Mittelpunkt.

Gegenüber und unten: Die von Menschen geschaffenen Glockenhöhlen.

Die antike Säulenstraße bietet heute einen ländlichen Anblick.

Sebastia

Auch wenn Micha prophezeite, Gott würde „Samaria vollständig zerstören“ (Micha 1,6), befindet sich heute an der Stelle des alten Ortes, im Osten des alten Siedlungshügels, das Dorf Sebastia. Seine Blütezeit erlebte Samaria zweifellos zu Zeiten der Römer: Damals erhielt Herodes der Große die Stadt von Kaiser Augustus. Er ließ sie prächtig ausbauen und gab ihr zu Ehren seines Wohltäters den Namen Sebastia, denn Sebastos ist die griechische Entsprechung von Augustus. Eine Säulenstraße führte durch die mit dicken Stadtmauern und Toren geschützte Stadt. Auf der Akropolis fand man neben einem Forum und einigen Gebäuden auch zwei Tempel, von denen der eine dem Augustus und der andere der Göttin Kore geweiht war. Ein Relief im Kore-Tempel zeigt einen Dioskurenhelm, über dem ein Stern prangt. Außerdem entdeckte man zahlreiche Skulpturen. Bei den Ausgrabungen stellte sich heraus, dass sogar die Wohnhäuser palastähnliche Merkmale, wie zum Beispiel bemalten Mauerputz, aufwiesen.

Oben: Teil einer Wandmalerei, Relief mit Dioskurenhelm.
Rechts: Blick auf das Forum.

Eines der Stadttore Samarias auf dem Hügel über der umgebenden Landschaft. Unten links: Ein Tempel. Unten rechts: Das Theater.

Am Jakobsbrunnen traf Jesus eine Frau, die gekommen war, um Wasser zu schöpfen, und bat sie, ihm etwas zu trinken zu geben. „Die Frau war überrascht, denn sonst wollen die Juden nichts mit den Samaritanern zu tun haben. Sie erwiderte: ‚Du bist ein Jude und ich bin eine Samaritanerin. Warum bittest du mich, dir zu trinken zu geben?'"
(Johannes 4,9)

Nablus

Unterhalb der heutigen Stadt Nablus lag in römischer Zeit der Ort Flavia Neapolis. Die Überreste der antiken Stadt sind nur noch hier und da bei archäologischen Ausgrabungen zu finden. Bislang konnten die Archäologen eine breite Säulenstraße, ein Hippodrom, Teile der Stadtmauern und große Bäder freilegen. Außerdem wurde der prächtige Mosaikboden einer römischen Villa entdeckt. Eine Inschrift zeugt davon, dass in der Stadt Ringwettkämpfe stattfanden.

Oben, Mitte und rechts: Blick auf Nablus mit Tell Balata im Vordergrund.

Am Rande von Nablus befinden sich, heute noch gut sichtbar, antike Mauerreste. An einer Stelle steht ein aufgerichtetes Steinmal (Massebe). Es ist tausende von Jahren alt; manche halten es für das Steinmal, das Josua beim Bundesschluss in Sichem aufstellte (Josua 24,26).

Masor

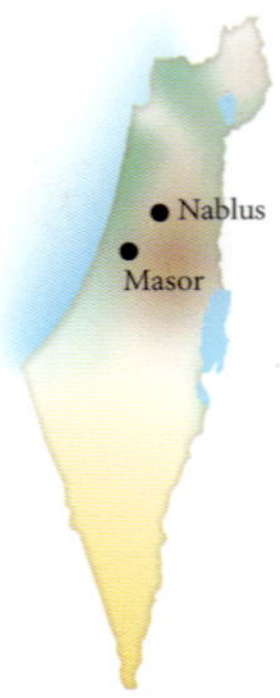

An der Straße von Lod nach Migdal Afek steht mitten in der Landschaft ein merkwürdiges, einzeln stehendes Gebäude. Es stellte sich heraus, dass es sich dabei um ein römisches Mausoleum handelt. James Finn, britischer Konsul in Palästina in den 1850er-Jahren, war der Erste, der es näher untersuchte. Mittlerweile beschäftigen sich auch Archäologen mit der Grabstätte. Es scheint, als habe die Umwandlung des um 300 n.Chr. erbauten Mausoleums in einen Neby Yahya (Johannes dem Täufer) geweihten muslimischen Schrein das Gebäude vor der Zerstörung bewahrt. Über eine Säulenveranda gelangt man in die Doppelgrabkammer, in der die Sarkophage standen. In den kleinen Nischen an den Innenwänden wurden wahrscheinlich Behälter mit der Asche verstorbener Familienmitglieder aufbewahrt. Später entdeckte man auch Überreste einer großen hellenistischen Siedlung an der Stätte.

Das Mausoleum von Masor.

Banyas

Die schneebedeckten Gipfel des Hermongebirges, die über Banyas aufragen, bilden zusammen mit einer der drei Jordanquellen, die aus den Bergen sprudelt, eine eindrucksvolle Kulisse, die schon in frühen Zeiten Menschen nach Banyas lockte. Es ist also keine Überraschung, dass Archäologen dort monumentale Bauten entdeckten. Bemerkenswert ist eine Kultstätte aus römischer Zeit, die mindestens zwei Tempel umfasste, von denen einer Zeus, der andere Pan geweiht war. Außerdem entdeckte man zahlreiche Statuen und im unteren Teil der Stadt einen riesigen Palast aus dem 1. Jahrhundert mit Hallen, Höfen und unterirdischen Gängen.

Oben: Die Tempelanlage und die Jordanquelle.

Hier stand einst ein monumentaler Palast.

Fragment eines Mauerwerks aus Banyas.

„… schließlich gelangte er [Burckhardt] durch das Gebiet der Drusen nach Banyas, dem antiken Caesarea Phillipi und dem Dan der Juden – ein Ort, der ursprünglich als Kultstätte Pans diente. Hier gelang es ihm, eine Skizze anzufertigen. Da gerade der Fastenmonat Ramadan war, saß er oft bis spät in die Nacht unter den Bäumen, wo er sich mit seinem Führer und ein paar Dorfbewohnern unterhielt und rauchte. Als ihm das Geld ausging, begab er sich wieder auf die Rückreise. Sein Weg führte ihn südlich am Hermongebirge entlang über den Dschebel Heisch, hinter dem die Wüstenhäfen, Damaskus, Homs und Hama lagen, und sich die Wüste im bläulich glitzernden Dunst immer weiter nach Osten erstreckte.“ (K. Sim, Jean Louis Burckhardt: A Biography, 1981, S. 91-92)

Hippos / Sussita

Der deutsche Ingenieur Gottlieb Schumacher unternahm bemerkenswerte Nachforschungen an den antiken Stätten auf den Golanhöhen. Als er im Juni 1885 Kulat el-Husn erreichte, entdeckte er dort Ruinen, die solide Hinweise darauf lieferten, dass es sich bei der Fundstätte um das von Flavius Josephus erwähnte Hippos handeln könnte. Das östlich des Sees Genezareth gelegene Hippos, oder auch Susita, bietet in jede Himmelsrichtung atemberaubende Aussichten. Bei späteren Ausgrabungen wurde an der Fundstätte ein großer gepflasterter Platz aus römischer Zeit entdeckt, bei dem es sich möglicherweise um ein Forum handelt. Außerdem kamen eine Straße, ein großes Wasserreservoir und mehrere aus byzantinischer Zeit stammende Kirchen zutage. In einem Seitenaltar der nordöstlich gelegenen Kirche fand man einen Schatz aus Goldschmuck.

Eine der Kirchen, die bei den Ausgrabungen gefunden wurden.

Die Säulen stürzten vielleicht bei einem Erdbeben um.

Blick auf Hippos / Sussita.

„Wie oben bereits erwähnt, konnte die Untersuchung der Ruinen nur sehr unzusammenhängend erfolgen, sodass ich eine vollständige Beschreibung der Ruinenorte, die den Jaulan [Golan] überziehen, nicht gewähren kann. Dazu kommt das große Misstrauen, das die Ansässigen den Reisenden entgegenbringen, was die Erkundung des Landes noch erschwert. Die Bewohner befürchten nämlich neue Abgaben und versuchen daher, so gut wie alles zu verbergen. Informationen und Führer erhält man nur unter Androhung von Gefängnisstrafen, und was das Auffinden von Ruinen anbelangt, so bin ich vollständig auf mich allein gestellt." (G. Schumacher, The Jaulan, 1888, S. 6)

Blick auf die Ausgrabungsstätte mit dem See Genezareth im Hintergrund.

Kedesch

Im 19. Jahrhundert gelangten Mitglieder des *Palestine Exploration Fund* voller Ehrfurcht zu einem gut erhaltenen römischen Tempel in Qades (Kedesch). Im Westen der Fundstätte stand ein monumentales Mausoleum, das die Forscher gerade noch fotografieren konnten, bevor die Ansässigen kurze Zeit später damit begannen, die Wände abzutragen und die einzelnen Mauersteine einen nach dem anderen in einen Brennofen zu werfen, um Kalk zu gewinnen. Der Tempel am Hang des alten Siedlungshügels von Kedesch blieb jedoch bestehen und wurde in den frühen 1980er-Jahren von Mitgliedern der Universität Tel Aviv neu erforscht und teilweise freigelegt. Er stammt aus dem 2. und 3. Jahrhundert n.Chr. und war laut einer Inschrift dem „Herrn des Himmels", dem syrisch-phönizischen Gott Baal-Schamin, geweiht. Bei späteren Ausgrabungen des hellenistischen Siedlungshügels wurden Tausende von Bullen (Dokumentensiegel) gefunden.

Die Fassade des Tempels von Kedesch.
Unten links: Blick auf die Fundstätte.

Brief von Captain Charles Wilson an den Palestine Exploration Fund vom 20. Januar 1866: „In Kedesch wurden bei den Ruinen einige Ausgrabungen vorgenommen: Bei dem westlichen Bauwerk handelt es sich um ein Grab mit elf Kammern (Loculi).
Im Osten stand ein Sonnentempel, der ungefähr aus der gleichen Zeit stammt wie Baalbek [Anm.: einer archäologischen Stätte im Libanon]. Bei den Ausgrabungen kam der Türsturz über dem Haupteingang zutage, auf dessen Unterseite eine, so denke ich, riesige Sonne dargestellt ist. Über dem Sturz (Architrav) thront ein wundervoll gearbeitetes Gesims mit einem Band aus Rebenblättern und Weintrauben, im Zentrum befindet sich eine Büste und auf den beiden Seiten ist jeweils ein Hirsch dargestellt. Die kleinen Nischen links und rechts des Haupteingangs sind jeweils über ein Loch mit größeren Nischen innerhalb des Gebäudes verbunden, wie bei einer Art Beichtstuhl …"

(PEF Proceedings and Notes, 1865-69, S.30)

Eine alte Inschrift aus Hammat Gader lautet: „Der Tholos um das Becken mit dem lauwarmen Wasser sollte nach einem anderen Kaiser, Leo, benannt werden, so wie er einst nach Alexander [benannt worden war].“

(Übersetzt nach L. Di Segni.)

Die Bäder von Hammat Gader mit dem Fluss Jarmuk im Hintergrund.

Hammat Gader

Am rechten Jarmukufer liegt eine Fundstätte mit Überresten aus römischer und byzantinischer Zeit. Hier in der Ebene entspringen einige Quellen, denen heilende Wirkung zugeschrieben wurde. Das galt besonders für die Heißwasserquellen, denen der Ort auch seinen Namen verdankt: Hammat Gader bedeutet auf Hebräisch „Heißwasserquellen von Gader“. Von überallher strömten einst Menschen in den Ort und hofften, in der prächtigen Badeanlage ihre kranken und erschöpften Körper zu heilen.

Dover

Etwas weiter flussaufwärts liegt Tell Dover. Die Fundstätte befindet sich nahe am Ufer des Jarmuk, wo in den 1990er-Jahren in einer Art Schnellschussprojekt in israelisch-jordanischer Zusammenarbeit ein Damm entstehen sollte. Das Projekt wurde niemals verwirklicht, doch bei den im Vorfeld stattfindenden Bergungsausgrabungen entdeckte man Wohnhäuser, Gassen und Höfe aus römischer, byzantinischer und früher islamischer Zeit.

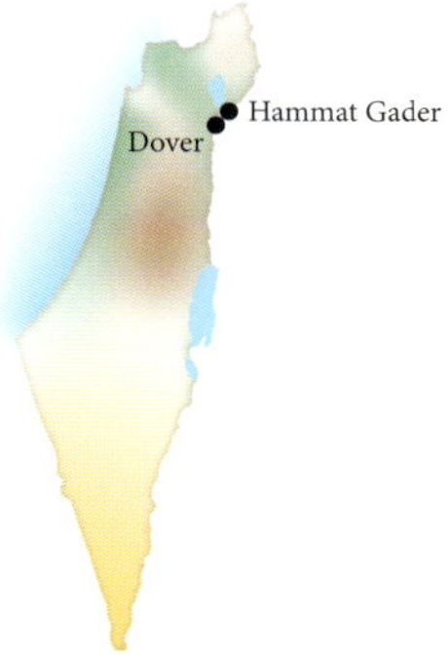

Blick auf die Ausgrabungsstätte Tell Dover.

Alte Inschrift aus Hammat Gader: „Es besteht kein Anlass mehr zu befürchten, die Wasserleitungen könnten bersten und wieder unendliche Leiden über so viele bringen, [wie damals] als die [aufgerissene] Erde alles unter sich begrub und die Menschen, auch viele Kinder, verletzt oder getötet wurden. Denn jetzt wurden [auf beiden Seiten] Pflaster gelegt, eine Sportanlage Nikas [?] gebaut und das angenehme Wasser wird von anderer Stelle bezogen."

(John F. Haldon (Hrsg.), Money, Power and Politics in Early Islamic Syria - A Review of Current Debates, London: Taylor & Francis, 2016, ohne Seitenangabe)

Die Palladius-Straße ist eine Achse durch das römische Skythopolis. Im Hintergrund ist der Tell el-Hösn zu sehen, der in der Bronzezeit besiedelt war.

Bet-Schean

In den Schriften des römischen Historikers Plinius des Älteren finden wir Berichte über einen Zehnstädtebund, die Dekapolis, östlich des Jordans. Zu diesem gehörte auch das im nördlichen Jordantal an der Kreuzung einiger wichtiger Verkehrsstraßen gelegene Bet-Schean. Im Schatten des imposanten biblischen Siedlungshügels fanden größere Ausgrabungen auf dem Gebiet des Verwaltungszentrums von Bet-Schean aus römischer und byzantinischer Zeit statt. Die in den letzten Jahrzehnten entdeckten Säulenstraßen, Bäder, Tempel sowie ein Nymphäum – ein Nymphenheiligtum oder Brunnenhaus –, ein Theater und ein Amphitheater zeugen von der einstigen Pracht der Stadt. Außerdem wurden auch die Überreste einiger byzantinischer Kirchen sowie des im Nordwesten gelegenen Marienklosters (Kyria Maria) mit seinem prunkvollen Mosaikboden entdeckt.

Am anderen Ende stößt die Palladius-Straße auf das große römische Amphitheater.

In den Schriften von Plinius dem Älteren finden wir die Gründungslegende der Stadt: „Skythopolis hieß früher Nysa, nach der Amme des Dionysos, die er hier begraben haben soll. Heute siedelt dort eine Kolonie der Skythen."

(Plinius, Nat. Hist., 5.16.74)

Links: Die Stadtmauern und der alte Siedlungshügel.
Rechts: Das Amphitheater.

Die Säulenstraße des römisch-byzantinischen Bet-Schean mit dem alten Siedlungshügel im Hintergrund.

Schalem (Salim)

Im Juli 1975 machte ein amerikanischer Börsenmakler am Siedlungshügel Tell Schalem in der Nähe des Kibbuz Tirat Zvi zufällig die Entdeckung seines Lebens. Ihm war nicht wirklich klar, dass seine Nachforschungen an der antiken Stätte mit dem Metalldetektor illegal waren und er als Amateur dort nichts zu suchen hatte. Also fing er an, mit seinem Taschenmesser im Boden herumzustochern und legte so den Bronzetorso des römischen Kaisers Hadrian frei – der heute an exponierter Stelle im Israel-Museum zu sehen ist. Es war ein sensationeller Fund. Die Bronzestatue des Hadrian trug einen Brustpanzer und war vermutlich in Rom in ihre Einzelteile zerlegt und dann nach Palästina verfrachtet worden, damit die in der Nähe des Fundorts stationierte Sechste Legion sie zu Ehren von Hadrians Besuch in Palästina im Jahr 130 n.Chr. dort wiederaufbauen konnte. Bei Tell Schalem handelt es sich wohl um das Salim in der Nähe des Ortes Änon, wo Johannes der Täufer seine Taufen vollzog (Johannes 3,23).

Der in Schalem gefundene Bronzetorso Hadrians.

„Er [Levanthal] wuchtete den dunklen Gegenstand aus dem Boden und drehte ihn um. Ein Gesicht starrte ihn an. ‚Es kam mir vor, als würde es sich bei mir bedanken, dass ich es aus der Erde geholt hatte.‘ Levanthal rollte den Kopf und die Röhre – die sich später als Hals der Statue entpuppte – in sein T-Shirt und stopfte alles in einen kleinen Seesack auf dem Rücksitz seines Fahrrads. Dann radelte er die zwei Kilometer zum Haus seiner Schwester im Kibbuz zurück. ‚Ich trank zwei Gläser Wasser und setzte mich dann an den Mittagstisch.‘“

(Abraham Rabinovich, „Digging up an Emperor“, The Jerusalem Post, May 27, 1977)

Teil 4:

DAS HEILIGE LAND: JUDEN- UND CHRISTENTUM

Heilige Symbole – links ein in Stein gehauenes christliches Kreuz, rechts ein jüdischer Kandelaber.

In byzantinischer Zeit (325-638 n.Chr.) erhielt Israel die Bezeichnung „Heiliges Land". Es stand im Zentrum christlicher Gebete, vor allem ab dem Zeitpunkt, zu dem das Christentum sich unter Konstantin dem Großen zur Staatsreligion im Römischen Reich entwickelte. Das Heidentum wurde rasch abgeschafft, aber die Behörden tolerierten mehr oder weniger die Ausübung des jüdischen und samaritanischen Glaubens sowie die jüdischen und samaritanischen Kultstätten. An den Stellen, die der Überlieferung nach mit Jesus und seinem Wirken verbunden waren, entstanden zahlreiche Kirchen, angefangen mit der Geburtskirche in Bethlehem bis hin zur Grabeskirche in Jerusalem. Pilger strömten ins Heilige Land, um die Orte kennenzulernen, wo – wie es einer der ersten Pilger, Melito von Sardes, ausdrückte – „diese Dinge gepredigt wurden und geschahen".

In der Basilika der Geburtskirche. Auf der gegenüberliegenden Seite: Blick auf die Geburtskirche mit der Judäischen Wüste im Hintergrund.

Der silberne Stern in der Grotte unter der Geburtskirche bezeichnet die Stelle, an der Jesus der Überlieferung zufolge geboren wurde. Unten: Ein Kruzifix in der Geburtskirche.

Bethlehem

„Maria gebar ihr erstes Kind, einen Sohn. Sie wickelte ihn in Windeln und legte ihn in eine Futterkrippe, weil es im Zimmer keinen Platz für sie gab“ (Lukas 2,7). Tatsächlich handelte es sich bei den Gasthäusern der damaligen Zeit um große Gebäude, in deren unterem Bereich Tiere gehalten wurden und die manchmal auch eine Höhle oder einen Raum hinter dem Gebäude angeschlossen hatten. Die Räume der Gäste befanden sich im oberen Bereich und blickten auf einen äußeren oder inneren Hof. Es ist also gut vorstellbar, dass Maria und Josef in einer Höhle neben einer Krippe lagerten. Als Geburtsort Jesu gilt eine Stelle unterhalb der Geburtskirche im Zentrum Bethlehems. Dort befindet sich eine Felsengrotte, in der ein silberner Stern die tatsächliche, von der Tradition auserkorene Geburtsstätte Jesu markiert. Die ältesten Überreste, die hier gefunden wurden, gehören zu einer 339 n.Chr. geweihten Kirche. Die heutige Kirche wurde von Kaiser Justinian Mitte des 6. Jahrhunderts erbaut und in späteren Zeiten renoviert. Unter den hölzernen Abdeckungen auf dem Kirchenboden sind wunderschöne Mosaike verborgen. Neben der Grabeskirche gibt es in und um Bethlehem noch zahlreiche andere heilige Stätten, unter anderem die Hirtenfelder von Bet-Sahur im Osten der Stadt.

Links: Die Geburtskirche im Winter im Schnee. Rechts: Eine Skulptur des Guten Hirten.

Die griechisch-orthodoxe Kirche auf den Hirtenfeldern. Vor der neuzeitlichen Kirche sind die Ausgrabungsarbeiten zu sehen.

Das grüne, mit Schilf bewachsene Jordanufer.

Johannes der Täufer und die Taufstätte

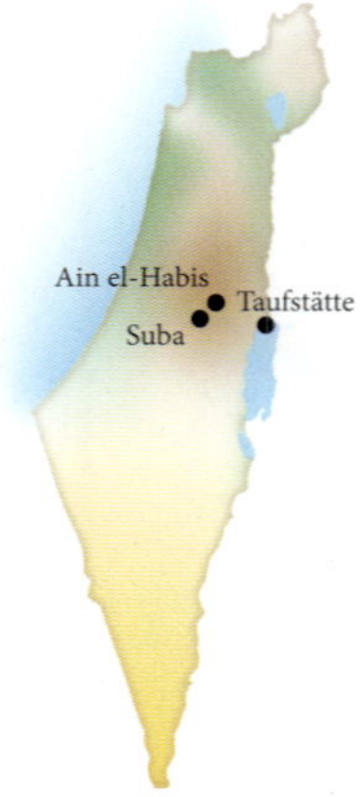

Für die Juden ist der Jordan von großer Bedeutung, denn er war der Fluss, den die zwölf Stämme Israels überquerten, um ins Gelobte Land zu gelangen. Die Evangelien berichten, Jesus sei hier von Johannes dem Täufer getauft worden. Johannes der Täufer fühlte sich wohl zum Jordan hingezogen, weil er diesen mit dem Propheten Elia verband. Seine Botschaft lautete: „Kehrt um und wendet euch Gott zu, denn das Himmelreich ist nahe" (Matthäus 3,2). Für seine Nachfolger bedeutete die Taufe, dass sie ihr altes Leben sozusagen ertränkten und aus dem Wasser zu einem neuen Leben herausstiegen. Am unteren Lauf des Jordan wurden am Westufer bei Qasr el-Yehud und am Ostufer in der Nähe des Wadi Kharrar zahlreiche byzantinische Überreste gefunden, die mit Johannes dem Täufer in Verbindung stehen.

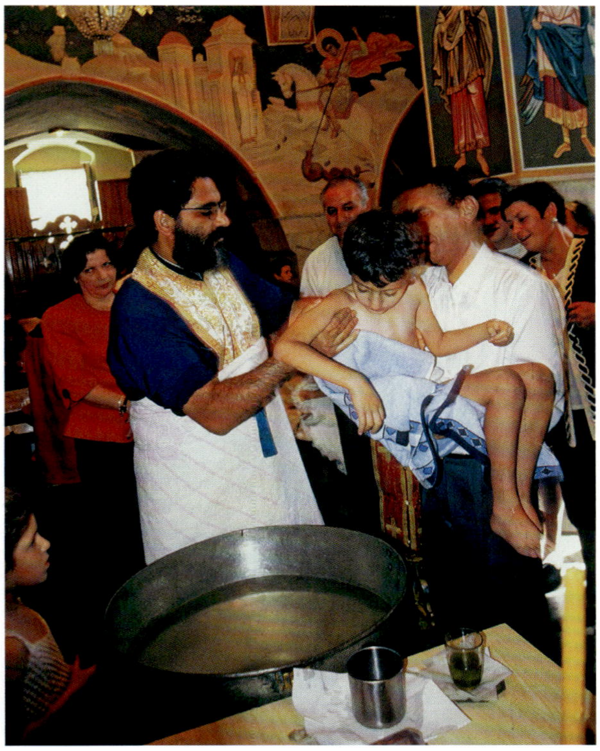

Das griechisch-orthodoxe Kloster in Qasr el-Yehud, an der Stelle im unteren Jordantal, an der sich der Überlieferung nach die Taufstätte befunden haben soll. Rechts. Kindstaufe in Nazareth.

„Den Letzteren nämlich hatte Herodes hinrichten lassen, obwohl er ein edler Mann war, der die Juden anhielt, nach Vollkommenheit zu streben, indem er sie ermahnte, Gerechtigkeit gegeneinander und Frömmigkeit gegen Gott zu üben und so zur Taufe zu kommen." (Flavius Josephus, Jüdische Altertümer, 15. Buch, 116-119, übersetzt von Dr. Heinrich Clementz, Wiesbaden: Marixverlag, 2011[3], S. 886)

Das bei Ain Habis gelegene
Franziskanerkloster
St. Johannis in der Wüste.

Im Christentum gilt Johannes der Täufer als Wegbereiter Christi. Er wurde wohl in einem Jerusalemer Distrikt geboren. Nach byzantinischer Überlieferung liegt sein Geburtsort in En Kerem, einer Siedlung im Westen Jerusalems. In dem Ort gibt es zwei alte Kirchen: Die eine steht dort, wo Johannes der Täufer geboren sein soll, die zweite an der Stelle, an der sich der Überlieferung nach Elisabeth und Maria, die Mütter von Johannes und Jesus, getroffen haben sollen (Lukas 1,41). Im Westen von En Kerem liegt das Kloster Ain el-Habis, auch Kloster St. Johannis in der Wüste genannt. Die Altertümer in dem Kloster stammen zum Teil noch aus Kreuzfahrerzeiten. In der Nähe von Ain el-Habis liegt der Ort Suba. Hier entdeckte man bei Ausgrabungen in jüngerer Zeit eine Höhle mit Wandmalereien von Johannes dem Täufer und den Abbildungen seiner Reliquien. Die Archäologen fanden Nachweise dafür, dass hier schon im 1. Jahrhundert n.Chr. Taufzeremonien stattgefunden haben, also möglicherweise bereits zu Lebzeiten von Johannes dem Täufer. Das bedeutet, dass die Geschichten von Johannes in der „Wildnis" (Lukas 1,80) durchaus einen realen Hintergrund haben könnten. Der Überlieferung nach befindet sich das Grab des Johannes in Sebastia, wo zwei ihm geweihte Kirchen entdeckt wurden.

Die frühmittelalterliche St. Johannes-Kathedrale in Samaria (Sebastia), die an die Enthauptung von Johannes dem Täufer erinnert.

Die Besuchskirche in En Kerem.

„Als ich den Schmutz von dem unteren Teil der Höhlenwand entfernt hatte, konnte ich meinen Augen kaum trauen: ‚Komm, schau dir das an', rief ich dem jungen Arthur zu, der mir bei der Erforschung der Höhle behilflich war. ‚Wofür hältst du das?' Wir krochen näher zur Höhlenwand, schlängelten uns um Felsbrocken, während unsere Köpfe gegen die Decke stießen, bis wir uns schließlich direkt vor dem feuchten, gelben Felsen befanden. Ich leuchtete mit der Taschenlampe in eine dunkle Ecke, um das eingeritzte Bild besser zu erkennen, das ich glaubte, auf der Seitenwand der Höhle entdeckt zu haben. War das die Darstellung eines römischen Soldaten? Ich spürte, dass ich kurz vor einer großen archäologischen Entdeckung stand – meine Hände kribbelten … Auf einmal dämmerte es mir, dass es sich bei der großen Figur, die dort dargestellt war, um Johannes den Täufer handeln könnte."

(S. Gibson, The Cave of John the Baptist, 2004, S. 1)

In den Wandputz der Höhle bei Suba, ganz in der Nähe von Ain Kerem, wurde ein Bild von Johannes dem Täufer geritzt. Rechts: Die Höhle von Johannes dem Täufer bei Suba.

Die Verkündigungskirche in Nazareth.

Nazareth

Wir wissen nur wenig darüber, wie Nazareth zur Zeit Jesu ausgesehen hat. Auch über die Herkunft von Josef und Maria oder darüber, ob Jesus in Bethlehem geboren ist, können wir nichts mit Sicherheit sagen. Es steht jedoch fest, dass Jesus einen Großteil seines Lebens in Nazareth verbracht hat. Die Stadt erlebte damals eine wirtschaftliche Blütezeit, denn sie lag in der Nähe von Sepphoris (Tsippori), das Herodes Antipas, der Tetrarch von Galiläa, zu seiner neuen Hauptstadt machte und ausbauen ließ. In der Gegend herrschte daher eine große Nachfrage nach Zimmermännern und anderen Handwerkern. Arbeitslosigkeit dürfte damals in der Region kein Problem gewesen sein.

Das wichtigste Bauwerk im heutigen Nazareth ist die Verkündigungskirche. Dabei handelt es sich um einen modernen Nachbau der ursprünglichen Kirche aus der Zeit der Kreuzzüge. Ein Teil der Skulpturen und Steinkapitelle wurde von französischen Handwerkern gefertigt. Ältere Überreste stammen aus römischer und byzantinischer Zeit. Am Stadtrand von Nazareth können Besucher in einem nachgebauten Dorf das Nazareth des 1. Jahrhunderts, also das Nazareth zur Zeit Jesu, nacherleben.

Die Synagoge von Meroth.

Meroth

Als die Archäologen in Meroth (Marus) vorsichtig das Erdreich entfernten, erlebten sie eine freudige Überraschung: Sie stießen auf einen prächtig bunten Mosaikboden, auf dem ein junger Krieger umgeben von einem Schwert, einem Helm und einem Schild abgebildet war. Vielleicht handelt es sich dabei um eine Darstellung von David mit der von ihm erbeuteten Ausrüstung Goliats. In der Inschrift neben dem Bild steht der Name des Spenders des Mosaiks: „Yodan Bar Shimon Mani". Neben der im späten 4. oder frühen 5. Jahrhundert erbauten Synagoge fand man einen behauenen Türsturz, auf dessen unterem Rand folgende aramäischen Worte aus dem 5. Buch Mose zu lesen sind: „Ihr werdet gesegnet sein, wenn ihr nach Hause kommt, und ihr werdet gesegnet sein, wenn ihr fortgeht."(5. Mose 28,6). Es gibt wohl keine passenderen Worte für einen Türsturz. Außerdem entdeckte man ein Bronzeamulett mit 26 Zeilen, in denen Gott angerufen wird: Ein gewisser Yossie, Sohn des Zenovia, bat um die Herrschaft über das Dorf. Ob ihm sein Wunsch erfüllt wurde, werden wir wohl nie erfahren.

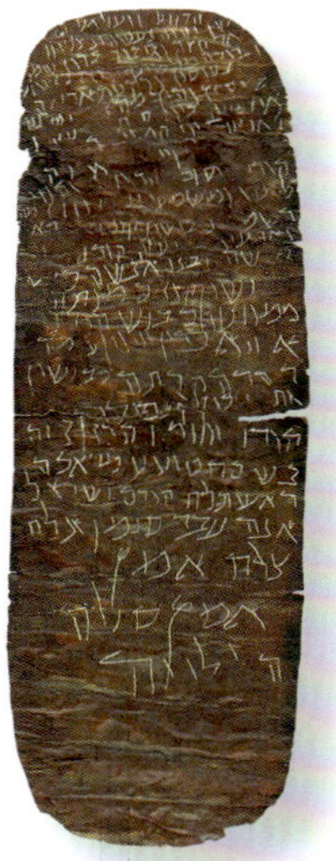

Einige der Funde, die bei den Ausgrabungen bei der Synagoge von Meroth gefunden wurden: Links die Teilansicht eines verzierten Türsturzes, oben ein Mosaikfußboden, auf dem David mit Goliats Waffen zu sehen ist, und rechts ein Amulett mit Inschrift.

Die Synagoge von Chorazin. Unten: Ein verzierter Basaltgiebel an der Synagoge.

Chorazin

In den Hügeln über dem See Genezareth liegt das kleine Dorf Chorazin (Kerazeh). In der Bibel wird es erwähnt, als Jesus seine Jünger aussendet: „Welche Schrecken erwarten euch, Chorazin und Betsaida! Denn wenn die Wunder, die ich bei euch getan habe, in Tyrus und Sidon geschehen wären, hätten ihre Einwohner schon längst ihre Schuld bekannt und sich zum Zeichen ihrer Reue in Säcke gehüllt und Asche auf ihre Häupter gestreut" (Lukas 10,13). Bei den Ausgrabungen in Chorazin kamen einige Häuser, darunter eines mit einer Ölpresse, zutage. Außerdem fand man eine Synagoge aus dem für die Gegend typischen schwarzen Basalt. Weitere Funde waren einige architektonische Bruchstücke von außerordentlicher Schönheit, Löwenskulpturen und ein Basaltthron, der womöglich den „Sitz Moses" darstellen sollte und beim Lesen der Heiligen Schriften, der Tora, zum Einsatz kam.

Wiedererrichtete Säulen in der Synagoge.

„Auf seinen topographischen Wanderungen machte Anderson eine großartige Entdeckung, bei Kerazeh stieß er auf nicht weniger als die Ruinen von Chorazin … Eine merkwürdige Landzunge, eine Art Felsvorsprung, ragt in das Wadi und bietet einen herrlichen Blick auf den See. Hier befinden sich die Überreste einer Synagoge oder einer Kirche – oder vielleicht von beidem. Auch wenn viele der Bauornamente und so weiter noch in gutem Zustand sind, ist das Bauwerk leider stärker verfallen als alle anderen Gebäude, die wie die Synagoge aus Basalt erbaut wurden. Der ursprüngliche Grundriss der Synagoge lässt sich nicht mehr genau feststellen. Tatsächlich sehen sämtliche Bauwerke aus einer Entfernung von 50 bis 100 Metern aus, als seien es nur dahingeworfene Haufen aus Basaltsteinen, wie man sie in Israel häufig antrifft. Erst wenn man sich mitten in den Ruinen befindet, kann man erkennen, um was es sich wirklich handelt. Es lassen sich Teile der alten gepflasterten Straßen ausmachen und es liegen eine Menge zerbrochene Töpferwaren überall herum."

(Letter III of Charles Wilson of 20th January 1866, in PEF Proceedings and Notes, S. 30)

Meiron

Die Synagoge von Meiron ist ein gutes Beispiel für eine Synagoge, an der ordentlich der Zahn der Zeit genagt hat. Doch das, was von ihr noch übrig ist, reicht aus, um von ihrer einstigen Pracht zu künden. Der wagemutige Forscher Charles Wilson war der Erste, der die Synagoge untersuchte und feststellte, dass außer der Vorderseite mit den drei Eingängen nicht mehr viel von ihr übrig war. Wilsons Fotograf, Henry Phillips, machte eine Aufnahme, auf der ein vollständig erhaltenes Gesims direkt über dem Türsturz des Haupteingangs zu sehen ist. Dieses Gesims ist auch auf der Skizze eines Mitarbeiters des *Survey of Western Palestine* aus dem Jahr 1877 zu finden. Doch davon blieb nur wenig erhalten und mittlerweile sind auch die letzten Steine für immer verschwunden. Zum Glück haben wir die Originalaufnahme von Henry Phillips.

Oben und Mitte: Die Vorderseite der Synagoge in Meiron.

„Das einer Basilika ähnliche Gebäude, das bei den amerikanischen Ausgrabungen in Meiron entdeckt wurde, veranschaulicht das Prinzip, nach dem die Synagogen ausgerichtet sind: Die dreigeteilte Vorderseite blickt südwärts nach Jerusalem. Bislang nahm man an, dass in den im Basilika-Stil erbauten Synagogen dieser Art der Schrein noch kein festverbautes Element, sondern beweglich war und während des Gottesdiensts in das Hauptheiligtum gebracht werden konnte.“ (E. Meyers und J. F. Strange, Archaeology, the Rabbis and Early Christianity, 1981, S. 147)

Irbid

Die Synagoge von Irbid (Arabella) ist wundervoll gelegen: Sie blickt auf die Berge, auf denen laut den Berichten des Flavius Josephus aus dem 1. Jahrhundert Herodes der Große gegen die jüdischen Aufständischen, die sich dort in den Höhlen versteckt hielten, kämpfte. Als Edward Robinson im Jahr 1852 die Synagoge von Irbid erblickte, schrieb er voller Begeisterung über „die Überreste eines einzelnen Gebäudes, die zu einem jüdischen Bauwerk gehörten und genau dem jüdischen Architekturstil entsprachen, den wir in Kefr Birim [Kefar Baram] und Meiron kennengelernt haben. Es gibt ein nach Osten ausgerichtetes, mit Steinmetzornamenten verziertes Tor. Eine der inneren Säulen steht noch und auch ein hübsches korinthisches Kapitell ist noch erhalten.“

1210 schrieb der Rabbi Samuel Ben Samson: „Wir stiegen hinauf nach Arbela, wo die große Synagoge stand, die auf Nittais Befehl hin erbaut wurde und nun wegen unserer Sünden zu Ruinen zerfallen ist. Sie liegt direkt in der Mitte der Siedlung.“

Die Synagoge in Irbid.

Die Synagogen des Golan

Bei Ausgrabungen auf den Golanhöhen in Katzrin, En-Naschut, Horvat Kanaf, Deir Aziz und Um el-Kanatir wurden die Überreste von ungefähr 25 Synagogen aus dem 5.-6. Jahrhundert n.Chr. entdeckt. Jede war in ihrem Ort das wichtigste öffentliche Gebäude und beherrschte das Dorfbild. Sie hatten dicke Mauern aus Basaltblöcken und verzierte Eingänge. Im Inneren gab es Bänke und Säulen. In der Synagoge von Deir Aziz wurde die griechische Inschrift „Azizo" entdeckt, was vielleicht der ursprüngliche Ortsname war. An der Südwand entdeckte man eine Bima, die einer Apsis ähnelte – vorgesehen vielleicht für den Tora-Schrein. Eine andere Fundstätte trägt den arabischen Namen Um el-Kanatir, das bedeutet: „Die Bogenreiche". Sie wurde erstmals im 19. Jahrhundert von Schumacher erforscht. Dieser berichtete, dass die Synagoge unter gigantischen Haufen behauener Steine verborgen gelegen hatte. Diese Steine wurden in jüngerer Zeit mit den fortschrittlichsten Fototechniken digital erfasst und anschließend mit einer eigens für die Baustelle hergerichteten mechanischen Hebevorrichtung entfernt. Für jeden einzelnen Stein wurde ein digitales Protokoll erstellt.

„Nach den Aufnahmen werden die Bauelemente nummeriert und jedes wird mit einem elektronischen Chip versehen. Jeder Stein hat eine eigene, mit einer Datenbank verknüpfte Nummer, wodurch alle Informationen zu dem Stein sowie ein Plan und eine Aufnahme zu finden sind. Dies macht es dem Leser möglich, die für diesen Stein spezifischen Identifikationsmerkmale aufzurufen und vielleicht sogar seine Position für eine spätere Rekonstruktion festzustellen."

(Y. Drey, H. Ben David und I. Gonen, „The Synagoge of Um el-Kanatir: From the 5th to the 21st Centuries", in U. Livner (Hrsg.), Advances in the Study of the Ancient Synagoge and its World, 2004, S. 5)

Oben: Basaltplatte mit einer neunarmigen *Menora*, einem *Schofarhorn* und einer Weihrauchschaufel.
Unten: Der Haupteingang der Synagoge von Katzrin, dessen Türsturz mit einem Kranz verziert ist.
Gegenüber: Blick auf die Synagoge von Katzrin und das alte Dorf.

Im Gras verstreut liegen die Überreste aus Basalt der Synagoge von Horvat Kanaf. Das Gebäude im Hintergrund stammt aus der Neuzeit.

Links: Ausgrabungsarbeiten an der Synagoge von Um el-Kanatir. Rechts: Bruchstück eines verzierten Basaltbogens.

Theodoret von Kyrrhos (ca. 393-466 v.Chr.) schrieb: „So gab der Gott aller Menschen durch Mose diese Sprache, die man erlernt und die nicht von Natur aus da ist. Nun sprechen alle anderen die Sprache der Völker, unter denen sie [jeweils] geboren wurden, ... unter den hebräischen Kindern [jedoch] ist keins zu finden, das die hebräische Sprache sofort gebraucht, sondern [es spricht] die Sprache von jenen [Menschen], unter denen sie geboren wurden. Wenn sie dann ins Jugendalter gekommen sind, werden sie in der Form der Buchstaben unterrichtet ...“

(Quaestiones in Genesin IX-X, Qu. 61, Migne, Pat. Gr. LXXX, 165; übersetzt von Ulrich Wendel)

Oben und Mitte: Die Ruinen der Synagoge von Deir Aziz.

Links: Innenansicht der En-Naschut-Synagoge. Rechts: Eine neben der Synagoge gefundene Ölpresse.

Links: Die Susiya-Synagoge im Schnee. Rechts: Die Ausgrabungen in dem alten Dorf, in dem die Synagoge gefunden wurde.

Synagogen des Südens

Zwar liegen die meisten der alten Synagogen im Norden, doch sind ein paar auch in anderen Regionen des Landes zu finden, zum Beispiel in Susiya, Eschtemoa, Horvat Maon und Anim in den südlichen Hügeln von Juda sowie in En-Gedi an der Westküste des Toten Meers. Die Susiya-Synagoge ist mit einem wunderschönen Mosaikboden und prächtigen Steinmetzarbeiten ausgestattet, unter anderem mit einem Türsturz, auf dem ein jüdischer Kandelaber (Menora) dargestellt ist. An der Fundstätte wurde auch eine Inschrift mit Datumsangaben entdeckt, die anhand der Sabbatjahre und auch von der Schöpfung der Welt an gezählt sind. Bei den Ausgrabungen rund um die En-Gedi-Synagoge kamen zahlreiche vielfältige Funde zutage, darunter ein Schatz von 6 000 Münzen, der mysteriöserweise unter der Nische für den Toraschrein versteckt worden war. Auf dem Mosaikboden in der Synagoge fand man einige Inschriften, eine davon mit Verwünschungen, die über Sünder ausgesprochen werden. Bei Ausgrabungen in jüngerer Zeit kamen in der Nähe der Synagoge die Überreste eines Dorfes zutage, bei dem es sich wahrscheinlich um das „sehr große jüdische Dorf“ handelt, das im *Onomastikon* von Eusebius erwähnt wird (Onom. 86:16).

Die Ruinen der En-Gedi-Synagoge unter ihrem Schutzdach. Im Vordergrund das alte Dorf.

Mosaikfußboden mit Tierdarstellungen.
Gegenüber: Mosaikfußboden einer Synagoge in Jericho mit einer von einem *Lulav* (Palmwedel) und einem Schofarhorn flankierten *Menora* (Kandelaber). Die hebräische Inschrift lautet „Friede für Israel“.

Die Inschrift in der En-Gedi-Synagoge: „Jeder, der Zwietracht stiftet zwischen einem Mann und einem anderen, oder der sagt etwas Böses über einen anderen zu den Völkern, oder der stiehlt Dinge eines anderen, oder der das Geheimnis der Stadt offenbart den Völkern – der, dessen Augen über die ganze Welt schweifen, … möge ihn ausreißen unter dem Himmel. Und das ganze Volk spreche: Amen und Amen! Sela!“ (Othmar Keel, Max Küchler: Orte und Landschaften der Bibel. Ein Handbuch und Studien-Reiseführer zum Heiligen Land. Band 2: Der Süden. Benziger, Zürich und Vandenhoeck & Ruprecht, Göttingen 1982, S. 443)

שלום על ישראל

Blick auf Bet-Schearim. In der Mitte links ist der Haupteingang zu der unterirdischen Nekropole (Totenstadt) zu sehen.

In einem Traktat der Mischna erfahren wir Folgendes über die Beerdigungsstätte des Rabbi Judah HaNassi: „Rabbi [Judah] liegt [krank] in Sepphoris und es wird eine [Grab-]Stätte für ihn in Bet-Schearim vorbereitet … [Der] Rabbi hat in Bet-Schearim [gelebt], doch weil er krank wurde, hat man ihn nach Sepphoris gebracht, das hochgelegen ist und gute Luft hat.“

(Kettubot 103b)

Bet-Schearim

Aus rabbinischen Schriften wissen wir, dass Bet-Schearim ein wichtiges Zentrum der jüdischen Lehre war. Hier fand auch der Rabbi Judah HaNassi seine letzte Ruhestätte. Er hatte hier die Mischna vollendet und diesen Ort zum Sitz des Sanhedrins gemacht. Da viele Juden in seiner Nähe beerdigt werden wollten, entstand dort eine Nekropolis mit ungefähr dreißig in den Felsen gehauenen Katakomben. Bei Ausgrabungen wurden dort zahlreiche Sarkophage, Inschriften, Zeichnungen von Schiffen und Reitern sowie eingeritzte oder in Stein gehauene jüdische Symbole entdeckt. Zu diesen Symbolen gehörten unter anderem Darstellungen von Kandelabern (Menora), Toraschreinen, Lulavs (Palmwedel), Schofarhörnern und Etrogs (Zitronatzitronen). Außerdem fand man Marmorbruchstücke von geborstenen Sarkophagen, auf denen heidnische und mythologische Szenen abgebildet waren, wie zum Beispiel *Leda mit dem Schwan*. Diese befanden sich zweifellos nicht ursprünglich in den jüdischen Gräbern, sondern wurden später im Zusammenhang mit industrieller Produktion, vielleicht dem Kalkbrennen, hierhergebracht.

Bruchstück eines Sarkophags mit der Darstellung der mythologisch-heidnischen Szene von Leda und dem Schwan. Unten: Eine in die Wand geritzte Menora-Darstellung

Mitte: Aufnahme aus der Zeit kurz nach den Ausgrabungsarbeiten – an der Wand der Grabhöhle ist eine Menora (Kandelaber) abgebildet. Unten: Ausgrabungen in der Siedlung Bet-Schearim.

Teil 5:

DER ISLAM UND DIE KREUZFAHRER

Die islamische Eroberung Jerusalems im Jahr 638 n.Chr. und die nachfolgende Ausbreitung der Muslime im Land führten zu allmählichen Veränderungen in der materiellen Kultur. Die Umayyaden wollten nicht zerstören, sondern vielmehr die sozialen, institutionellen und architektonischen Entwicklungen, die bereits in der späten byzantinischen Zeit ihren Ausgang nahmen, weiterführen. Aus der frühen islamischen Zeit wurden zahlreiche Überreste entdeckt: Burgen, Wüstenfestungen, befestigte Siedlungen mit Wohnhäusern, Läden und Keramikbrennöfen. Eine ganze Reihe von Meilensteinen zeugt auch von Straßenreparaturen, die damals durchgeführt wurden. Eine griechische Inschrift aus Hammat Gader weist darauf hin, dass im Jahr 662 n.Chr. die Bäder auf Geheiß des dort eingesetzten arabischen Gouverneurs wieder aufgebaut wurden. In abbasidischer Zeit erlebte das Land trotz des großen Erdbebens im Jahr 749 n.Chr. eine neue architektonische und handwerkliche Blütephase.

Bruchstück einer Soldatenskulptur
aus dem Palast des Hischam bei Jericho.

Jerusalem und der Tempelberg (Haram asch-Scharif)

Der Felsendom (Qubbat asch-Sachra) ist zweifellos das Glanzstück der islamischen Architektur in Jerusalem. Die drei Jahre dauernden Bauarbeiten begannen im Jahr 688 n.Chr. auf Geheiß des umayyadischen Kalifen Abd al-Malik. Auf der Südseite des Haram asch-Scharif liegt die in den Jahren 705-15 n.Chr. erbaute Al-Aqsa-Moschee. Zuvor stand an ihrer Stelle ein einfacher Holzbau, den der Kalif Omar nach der Unterwerfung der Stadt im Jahr 638 n.Chr. hatte errichten lassen. Das Bauwerk steht auf einem Felsen, unter dem sich eine Höhle befindet.

Oben: Eine islamische Goldmünze, die bei Ausgrabungen in Jerusalem gefunden wurde. Rechts: Blick nach Westen auf den Sonnenuntergang hinter dem Haram asch-Scharif. In der Mitte rechts ist die goldene Kuppel des Felsendoms zu sehen und ganz links im Bild die silberne Kuppel der Al-Aqsa-Moschee. Unten: Der Gründungsfels (Sachra) im Inneren des Felsendoms.

Nachdem Charles Wilson 1864 den Boden der Höhle unter dem Felsendom untersucht hatte, schrieb er: „… wenn man darauf klopft, ertönt ein hohles Geräusch, und die Muslime halten das für den Beweis ihrer Legende, dass der Fels in der Luft hängt. Nach sorgfältiger Überprüfung, auch von Stellen, an denen es keinen Leerraum geben konnte, stellte es sich heraus, dass das Geräusch auf fehlerhaften Verputz zurückzuführen war …“ (C. W. Wilson, Ordnance Survey of Jerusalem, 1866, S. 34)

Als Ali von Herat im Jahr 1173 n.Chr. Jerusalem besuchte, schrieb er: „Unter dem Felsen befindet sich die Höhle der Seelen. Es heißt, dass Allah die Seelen aller wahrhaft Gläubigen hier versammeln wird. Vierzehn Stufen führen in die mannshohe Höhle. Hier soll sich das Grab von Zakariyya – Friede sei mit ihm – befinden."

(G. Le Strange, Palestine Under the Muslims, 1890, S. 132)

Der Felsendom. Rechts und oben: Zwei verzierte Deckenpaneele aus der Al-Aqsa-Moschee.

Blick auf den Tempelberg Richtung Norden über die Al-Aqsa-Moschee und den Felsendom. Im Vordergrund des Bildes sind die bei Ausgrabungen entdeckten Überreste von umayyadischen Palästen zu sehen.

Ramla

Die Stadt wurde in den Jahren 712-715 n.Chr. auf Sand erbaut und hat so ihren Namen Ramla erhalten, der sich vom arabischen Wort für Sand *(Ruml)* herleitet. Tatsächlich stießen die Archäologen bei ihren Ausgrabungen unter den ältesten Überresten der Stadt aus abbasidischer Zeit (8. bis 13. Jahrhundert n.Chr.) auf Stellen mit gelbem Sand. Zahlreiche der Funde stammen aus dieser frühesten Siedlungszeit, darunter eine Moschee, Wohngebäude mit verputzten Einbauten, Mosaikböden sowie große Mengen an Kunstobjekten, Keramik und Münzen. Auf einer Inschrift in der Weißen Moschee erfahren wir, dass der eindrucksvolle Turm 1318 von einem Mamlukensultan erbaut wurde. Quellenhinweise lassen jedoch vermuten, dass die Moschee sehr viel älter ist.

Oben und unten: Die Weiße Moschee und weitere Ruinen in Ramla.

Al-Muqaddasi schrieb im 10. Jahrhundert n.Chr.: „Ar Ramlah ist die Hauptstadt Palästinas. Es ist eine hübsche und solide gebaute Stadt; es gibt dort reichlich gutes Wasser und eine Überfülle an Früchten. Die Stadt vereint viele Vorzüge, sie liegt inmitten wunderschöner Dörfer und herrschaftlicher Städte, in der Nähe heiliger Stätten und lieblicher Weiler. Der Handel hier blüht und die Märkte sind hervorragend. In der islamischen Welt gibt es keine schönere Moschee als die in dieser Stadt. Das Brot gehört zu dem besten und weißesten …"

Der Palast des Hisham

In glühender Hitze fuhren wir langsam die staubige Straße im Norden Jerichos entlang, die zu dem „Palast des Hischam" (Khirbet el-Mefjer) führt. Tatsächlich entspricht das arabische Wort „*qasr*" ungefähr dem europäischen Begriff „*Château*", doch der umayyadische Wüstenpalast wurde wahrscheinlich nicht von dem Kalifen Hisham erbaut, auch wenn hier eine Statue aus Gips von ihm gefunden wurde. Der eigentliche Bauherr war wohl Hishams designierter Nachfolger, Walid ibn Yazid (ca. 743 n.Chr.), der wegen seines ausschweifenden Lebens und seiner Trinkgelage vom Hof verbannt wurde, gleichzeitig aber auch ein vollendeter Dichter und Bogenschütze war. Als wir beim Palast ankamen, war das Tor mit einem Vorhängeschloss verriegelt. Aus einem kleinen Raum neben dem Haupteingang kam ein palästinensischer Wachmann und meinte bedauernd: „Es tut mir leid, wir streiken gerade, daher können wir keine Besucher einlassen." Dann fügte er optimistisch hinzu: „Vielleicht öffnen wir ja nächste Woche wieder." Wir schossen über die Mauer hinweg ein paar Fotos und fuhren dann traurig davon, weil wir keine Gelegenheit gehabt hatten, die wundervollen Überreste des Palasts zu bestaunen. Ich war zuvor schon einmal dort gewesen, doch das war viele Jahre her und ein Artikel von Robert Hamilton, der an den Ausgrabungen am Palast beteiligt gewesen war, hatte mir richtig Lust gemacht, die Stätte noch einmal zu besichtigen: In dem Artikel stand, Walid ibn Yazid habe in Wein gebadet und dieses Badebecken hätte ich gerne mit eigenen Augen gesehen!

Zwei vor Ort entdeckte Figuren: Eine vom Kalifen Walid auf einem Löwenpodest (links) und die andere von einer Frau mit Hüfttuch.

Das ist die Geschichte des Sängers 'Utarrad: „Ich wurde zu ihm [Walid ibn Yazid] gebracht. Er saß in seinem Palast (qasr) am Rand eines kleinen Wasserbeckens, das gerade groß genug war, dass ein Mann sich umdrehen konnte, wenn er sich hineinbegab. Es war mit Blei eingefasst und mit Wein gefüllt. Ich hatte kaum die Zeit ihn zu begrüßen, da sagte er schon: ‚Bist du 'Utarrad?' ‚Ja, Herrscher der Gläubigen', antwortete ich. ‚Ich wollte dich schon lange hören', erwiderte er. ‚Sing jetzt für mich …' Also sang ich für ihn. Doch bei Gott: Kaum hatte ich geendet, riss er sein besticktes Gewand, das was weiß ich was wert war, entzwei und sprang nackt, wie seine Mutter ihn geboren hatte, in das Becken. Dort trank er und ich schwöre, dass der Pegel merklich sank. Dann wurde er hinausgezogen, tief und fest schlafend zur Ruhe gebettet und zugedeckt. Ich stand auf und nahm sein Gewand und bei Gott, keiner sagte zu mir ‚Nimm es' oder ‚Lass es liegen'. Ich kehrte in meine Unterkunft zurück und war bezaubert von der Lebendigkeit seines Geistes und der Intensität seiner Gefühle." (R. W. Hamilton, „Who Built Khirbat al Mafjar?", Levant 1 [1969], S. 67)

Die Überreste des Palastes.
Im Hintergrund ist Jericho
zu sehen.

Gegenüberliegende Seite:
Links: Die Räume des Palastes sind rund um einen großen Innenhof gruppiert.
Rechts: Eine sternförmige Fensteröffnung, die vor Ort rekonstruiert wurde.

Oben: Ein herrschaftliches, befestigtes Anwesen bei Khirbet el-Minya mit dem See Genezareth im Hintergrund. Unten: links: Eine Toranlage bei Khirbet el-Minya. Unten rechts: Ein Mosaikboden mit geometrischen Mustern.

Minya, Aschdod Yam und Habonim

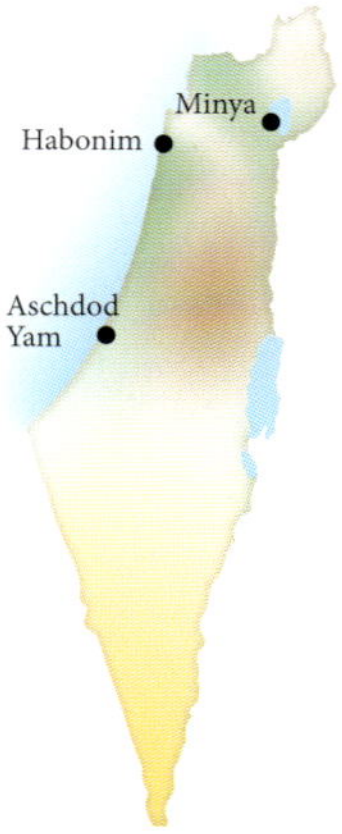

Bei Khirbet el-Minya befindet sich ein weiteres herrschaftliches Anwesen. Dieses liegt jedoch nicht in der Wüste, sondern in der Nähe von Tiberias (Tabariya), der einstigen umayyadischen Hauptstadt des Militärdistrikts am Jordan. Solche Anwesen bestanden aus Bädern, Empfangssälen und Schlafzimmern. Die Mauern, Tore und Türme, die sie umgaben, dienten eher als Schmuck denn als Verteidigung. Solche befestigten Anwesen wurden auch an der Mittelmeerküste in Aschdod Yam und Habonim (Kafr Lam) entdeckt. Es kann durchaus sein, dass ihre Architektur von den nordafrikanischen Grenzfestungen, den *Ribats*, beeinflusst wurde.

Habonim (oben) und Aschdod Yam (unten).

Die Moschee von Nebi Samwil vor (oben) und nach (unten) den Ausgrabungsarbeiten. Rechts: Nebi Samwil im Schnee.

Kreuzfahrer im Heiligen Land

Bereits 1095 hatte Papst Urban II. dazu aufgerufen, den unter muslimischer Herrschaft leidenden christlichen Gemeinden mit einer Armee zu Hilfe zu eilen, doch bis zur Umsetzung des Plans sollte es noch ein Jahr dauern. 1096 zog eine gut ausgerüstete Armee unter Raimund von St. Gilles, Gottfried von Bouillon und anderen in den Nahen Osten und erreichte schließlich Antiochia. Nach der Eroberung der Stadt marschierte die Armee weiter nach Jerusalem, das nach einer kurzen Belagerung am 15. Juli 1099 eingenommen wurde.

In seiner Rede über die Kreuzfahrer sagt Salah-ed-Din (Saladin): „Schaut Euch die Franj an! Schaut, wie verbissen sie für ihre Religion kämpfen, während wir, die Muslime, uns nicht für einen Heiligen Krieg begeistern.“

(A. Maalouf, The Crusades Through Arab Eyes, 1984, S. 1)

Nebi Samwil

Hier konnten die Kreuzfahrer 1099 einen ersten Blick auf die Heilige Stadt Jerusalem werfen, weswegen der dortige Berg den Namen *Mons Gaudii* (Berg der Freude) erhielt. Man kann sich gut vorstellen, wie die Kreuzfahrer vor Begeisterung beim Anblick der Stadt auf den Boden sanken und überall Gebete und Freudenschreie zu hören waren. 1192 war hier für Richard Löwenherz jedoch die Endstation. Er musste umkehren, bevor er die Stadt erreichte. In der Moschee auf dem Berggipfel befinden sich sowohl die Überreste einer Kirche aus der Kreuzfahrerzeit (1157) als auch die Stelle, an der sich der Überlieferung nach das Grab des hebräischen Propheten Samuel (1. Samuel 25,1) befindet. Ausgrabungen aus jüngerer Zeit brachten bedeutende Überreste aus der Zeit der Kreuzzüge zutage, darunter auch riesige Ställe.

Kopf eines Heiligen oder Würdenträgers dargestellt auf einer in Mamila entdeckten Wandmalerei.

Das Jerusalem der Kreuzfahrer

Als die Franken in den Tagen vom 15. bis zum 18. Juli 1099 die Stadt einnahmen, vergewaltigten sie die Frauen und metzelten die Einwohner nieder. Tagelang flossen Ströme von Blut durch die Straßen. Niemals zuvor hatte die Stadt so brutale Gewalt und ein so mutwilliges Blutvergießen erlebt. Die wenigen Einwohner, die überlebten, wurden schließlich verbannt und die Kreuzfahrer begannen die „Geisterstadt" wiederaufzubauen, neu zu bevölkern und Kirchen, Paläste, Märkte, Wirtshäuser und Spitäler zu errichten. In dieser Zeit wurde auch die Grabeskirche mit dem Grab Jesu in einer Ädikula fast vollständig fertiggestellt. Die Vorderseite, die wir heute kennen, stammt zum großen Teil aus dieser Zeit.

Oben und Mitte: Die Vorderseite der Grabeskirche, die zum Großteil aus der Zeit der Kreuzfahrer stammt.
Unten: Der heutige Muristan, ein neben der Grabeskirche gelegenes Areal in der Altstadt Jerusalems, das ursprünglich von den Kreuzfahrern angelegt wurde.

In seinem historischen Werk schreibt Ibn al-Athir: „Die Einwohner der Heiligen Stadt fielen dem Schwert zum Opfer. Eine Woche lang wüteten die Franj unter den Muslimen. In der Al-Aqsa-Moschee töteten sie über Siebzigtausend."; Ibn al-Qalanisi berichtet in seiner Chronik: „Zahlreiche Menschen wurden getötet. Die Juden hatten sich in die Synagoge geflüchtet und die Franj verbrannten sie bei lebendigem Leibe. Außerdem zerstörten sie Statuen von Heiligen und das Grab Abrahams, Friede sei mit ihm!"

(A. Maalouf, The Crusades Through Arab Eyes, 1984, S. 50-51)

Die Grabeskirche und die Erlöserkirche im Schnee.

Jehan de Nueville schrieb im 12. Jahrhundert: „Es herrscht Trauer in Jerusalem und Trauer in dem Land, in dem unser gütiger Herr litt und starb … Denn wer das Kreuz für Gott auf sich nimmt, aber es dann wieder aufgibt, der ist, so rein sein Herz auch sein mag, wie Judas für das Paradies verloren."

(M. Grindea (Hrsg.), Jerusalem: The Holy City in Literature, 1981, S. 161)

Einer der beiden mit Steinmetzarbeiten verzierten Türstürze von den Eingängen zur Grabeskirche, der heute im Rockefeller-Museum zu sehen ist.

Die Dormitio-Abtei
auf dem Berg Zion.

Der Berg Zion und das letzte Abendmahl

Am Vorabend seiner Festnahme und der anschließenden Kreuzigung feierte Jesus das letzte gemeinsame Abendmahl mit seinen Jüngern. Der Überlieferung nach fand dieses Essen auf dem Berg Zion, ganz in der Nähe von Davids Grab statt. Heute befindet sich dort der sogenannte „Abendmahlsaal" mit einem bemerkenswerten Bogengewölbe aus der Zeit der Kreuzfahrer. Aus archäologischer Sicht handelt es sich bei dem Saal um einen Nebenraum der im 12. Jahrhundert erbauten Kreuzfahrerkirche Sancta Maria in Monte Sion und es besteht keinerlei Veranlassung zu der Annahme, die Oberstadt sei Schauplatz des Abendmahls gewesen. Es ist sehr viel wahrscheinlicher, dass Jesus sein letztes Mahl in der Unterstadt einnahm, also in der Davidstadt, südlich des Tempelbergs in der Nähe des Siloah-Teichs, von wo aus er und seine Jünger ohne Weiteres zum Ölberg und in den Garten Gethsemane gelangen konnten.

Oben: An dieser Stelle auf dem Berg Zion soll der Überlieferung nach das letzte Abendmahl stattgefunden haben. Unten: Blick nach Nordwesten vom Gipfel des Bergs Zion auf die Dormitio-Abtei (Mitte), rechts die Anlage rund um das Grab Davids und den Abendmahlsaal.

„Jesus schickte Petrus und Johannes voraus und sagte: ‚Geht und bereitet das Passahmahl vor, damit wir es gemeinsam essen können.' ‚Wo sollen wir denn hingehen?', fragten sie ihn. Er erwiderte: ‚Wenn ihr nach Jerusalem kommt, wird euch ein Mann begegnen, der einen Wasserkrug trägt. Folgt ihm bis zu dem Haus, in das er eintritt, und sagt zu dem Besitzer: ›Der Meister fragt dich: Wo ist der Raum für Gäste, in dem ich mit meinen Jüngern das Passahmahl feiern kann?‹ Er wird euch die Treppe hinauf zu einem Saal führen, in dem schon alles vorbereitet ist. Geht voraus und richtet dort alles her.'"

(Lukas 22,8-12)

„Noch während er sie segnete, verließ er [Jesus] sie und wurde in den Himmel hinaufgehoben." (Lukas 24,51)

Der Ölberg und die Himmelfahrtskapelle

Der Ölberg mitsamt seinem Stadtteil at-Tur ist mit Kirchen übersät. Eine der interessantesten ist die achteckige Himmelfahrtskapelle, denn es heißt, auf dem Felsen im Inneren sei ein Fußabdruck Jesu zu sehen. Der Überlieferung nach ist Jesus hier in den Himmel aufgefahren. Die Kapelle stammt aus der Zeit der Kreuzfahrer, steht möglicherweise aber auf Grundmauern aus byzantinischer Zeit. Wenn man in die Kapelle tritt, entdeckt man eine rechteckige Marmoreinfassung auf dem Boden, in der ein Abdruck eines rechten Fußes zu sehen ist, der nach Süden zeigt. Im Baedeker von 1876 steht, dass „der Fußabdruck seit der fränkischen Herrschaft in so vielen Varianten beschrieben wird, dass er über die Zeit wohl einige Überarbeitungen erlebt hat."

Bernardino Amico schrieb im 16. Jahrhundert: „… auf dem Pflaster des harten Marmorbodens ist wie in Wachs ein Fußabdruck unseres Retters Jesus Christus eingeprägt, und das sind die letzten Spuren, die er hinterließ, als er in den Himmel auffuhr … Der Abdruck des anderen Fußes wurde, so heißt es, von den Muslimen entfernt und in ihren Tempel gebracht [Haram asch-Scharif]."

Gegenüberliegende Seite:
Der Gipfel des Ölbergs.
Oben und links:
Die Himmelfahrtskapelle.

Die Kreuzfahrer an der Mittelmeerküste

Auch wenn die Eroberung der Heiligen Stadt im Jahr 1099 natürlich das Hauptziel der Kreuzfahrer gewesen war, legten sie in der Zeit der Ausbreitung des Reichs von Jerusalem unter der Herrschaft von Balduin I. und auch später die wichtigsten Siedlungen und Festungsbauten des Königreichs von Jerusalem entlang der Küste Palästinas an. Überreste aus der Zeit der Kreuzfahrer wurden in Akkon (Akko), Athlit, Dor, Arsuf (Apollonia), Caesarea, Aschkalon (Aschkelon) und an vielen weiteren Orten gefunden.

Akkon (Akko)

Die Stadt Akko wurde 1104 von den Kreuzfahrern eingenommen und stark ausgebaut. Anhand von archäologischen Ausgrabungen in jüngerer Zeit, Pilgerberichten und mittelalterlichen Karten können wir uns ein recht gutes Bild davon machen, wie die Stadt einmal ausgesehen hat.

Oben und gegenüber (linke Abbildung): Glasierte Keramikteller aus dem 13. Jahrhundert mit der Darstellung einer Frau beim Wolle spinnen (oben) und eines Soldaten (gegenüber, linke Abbildung). Gegenüber (rechte Abbildung): Heraldische Steinmetzarbeit.

Wilibrand von Oldenburg berichtete 1212: „Das ist eine schöne und starke Stadt an der Küste. Sie ist wie ein Viereck geformt, wobei zwei Seiten, die eine Ecke bilden, vom Meer umspült und geschützt werden, während die anderen beiden ein prächtiger, breiter und tiefer, vollständig mit Steinen ausgekleideter Graben umgibt und dazu noch eine Doppelmauer mit Türmen …“

(D. Jacoby, „Montmusard, Suburb of Crusader Akkon“, in B.Z. Kedar et al. (Hrsg.), Outremer. Studies in the Crusading Kingdom of Jerusalem Presented to Joshua Prawer, 1982, S. 212)

Die alte Festungsstadt Akko inmitten stürmischer Wellen.

Im Jahr 1185 berichtete Ibn Jubair: „Akkah [Akkon] ist die wichtigste der fränkischen Städte in Syrien, sie ist ein bedeutender Seehafen und Ankerplatz für ihre Schiffe, und wird an Bedeutung nur von Konstantinopel übertroffen. Hier kommen muslimische und christliche Kaufleute aus aller Herren Länder zusammen. Überall sieht man Schweine und Kreuze."

(G. Le Strange, Palestine Under the Muslims, 1890, S. 174)

Oben: Die Festung Athlit. Unten links: Blick von Norden auf Athlit in der Abenddämmerung. Unten rechts: Grabstein eines Baumeisters mit dem großen Kreuz von Athlit.

Athlit

Heute ist die Festung von Athlit nur schwer zugänglich, da sie als israelischer Marineposten dient. Doch aus der Luft betrachtet ist sie immer noch sehr eindrucksvoll. Die Burg (Chateau Pelerin) wurde zwischen 1217 und 1218 von den Tempelrittern erbaut und im Westen schloss sich nach und nach eine Siedlung an. Zur Zeit des britischen Mandats stieß man hier bei Ausgrabungen auf die Festungsanlagen, die Siedlung und einen Friedhof mit zahlreichen Grabsteinen.

J.A. Thompson schrieb im Jahr 2004 über den Friedhof in Athlit: „Das südwestliche Ende [des Friedhofs] wurde vom Mittelmeer abgeschwemmt, so kam ein Friedhof zutage. Da die Grabsteine seit 1934 offen liegen, sind sie stark erodiert.“

(J. A. Thompson, Bulletin of the Anglo-Israel Archaeological Society 22, 2004, S. 97)

Arsuf (Apollonia)

Arsuf wurde 1101 von den Kreuzfahrern mithilfe der Genueser Flotte erobert. Bei Ausgrabungsarbeiten in jüngerer Zeit konnte die mächtige Burg von Arsuf freigelegt werden. Sie besaß starke Mauern mit halbrunden und quadratischen Türmen und war von einem Wassergraben umgeben. Die letzte Verteidigung der Stadt im Jahr 1265 endete, als die Männer Baibars, mamlukischer Sultan von Ägypten und Syrien, Teile der Mauer überwanden und die Stadt einnahmen.

Oben und unten: Die Festung von Arsuf. Oben links: Dieses glasierte Keramikgefäß mit einem Greif wurde in Dor/Tantura (Merle) gefunden.

Nach dem Erfolg in Arsuf im Jahr 1191 versuchte Richard Löwenherz (Malik al-Inkitar) Sultan al-'Adil zu einer Vereinbarung zu bewegen: „Unsere und Eure Männer sind gestorben, das Land liegt in Trümmern und die Ereignisse sind vollständig außer Kontrolle geraten. Denkt Ihr nicht, dass es nun genug ist? Was uns anbelangt, so gibt es nur drei strittige Objekte: Jerusalem, das Heilige Kreuz und Gebietsfragen."

(A. Maalouf, The Crusades Through Arab Eyes, 1984, S. 211)

Caesarea

In der Zeit zwischen der fränkischen Eroberung Caesareas im Jahr 1101 und der Einnahme der Stadt durch al-Ashraf Khalil im Jahr 1291 wurden die Stadtmauern immer wieder geschliffen und erneut aufgebaut. Besonders in der Zeit von Johann von Brienne (1217) und Ludwig IX. (1251) fanden wichtige Arbeiten an den Festungsmauern statt. In den frühen 1960er-Jahren legten Archäologen Caesarea frei. Die Festungsmauern gehören trotz der Zerstörungen durch Sultan al-Ashraf Khalil zu den am besten erhaltenen in ganz Israel.

Wilhelm von Tyrus beschreibt das Massaker, das die Kreuzfahrer im Jahr 1101 an den muslimischen Einwohnern verübten, als grauenvoll: „Die Füße der Zerstörer waren mit dem Blut der Gemetzelten befleckt."

Aschkalon (Aschkelon)

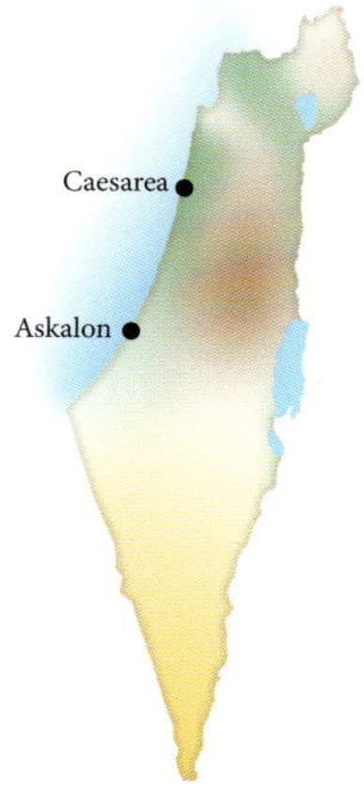

Die Eroberung Aschkalons im Jahr 1153 stellte für die Kreuzfahrer eine große Herausforderung dar. Zwei Monate lang belagerten sie die befestigte muslimische Stadt und nahmen ihre Schiffe auseinander, um damit Rammböcke und Belagerungstürme zu bauen. Heute sind noch die von den Kreuzfahrern angelegten Festungsanlagen zu sehen, die einen Halbkreis um die Stadt bilden.

Von der großen Johanneskirche in Aschkalon fehlt hingegen weiterhin jede Spur. Bei jüngeren Ausgrabungen wurde eine Tafel mit Inschrift aus fatimidischer Zeit gefunden. Sie diente im 13. Jahrhundert als Grundlage für eine Darstellung der Wappen von Sir Hugh Wake of County Lincoln, der an dem Wiederaufbau der Verteidigungsanlagen von Aschkalon beteiligt gewesen war.

Mitte: Festungsanlagen der Kreuzfahrer in Caesarea. Oben und links: Ein goldenes Armband und zwei glasierte Keramikgefäße aus Caesarea. Unten: Eine Tafel aus fatimidischer Zeit, über deren arabischer Inschrift später heraldische Darstellungen angebracht wurden.

Im Gewölbe einer Kirche in Aschkalon steht auf einem himmelblauen Untergrund die fromme Fürbitte: „O Morgenstern, Beschützerin der Seeleute. Bete für uns!"

(D. Pringle, The Churches of the Crusader Kingdom of Jerusalem, Vol. 1, 1993, S. 67)

Die Ruinen der
Kreuzfahrerfeste
in Aschkalon.

Die Kirchen der Kreuzfahrer

Aus schriftlichen Quellen wissen wir von ungefähr 400 Kirchen, die im 12. und 13. Jahrhundert von den Kreuzfahrern im Heiligen Land erbaut wurden. Eine in jüngerer Zeit durchgeführte Studie hat nun gezeigt, dass mindestens die Hälfte davon nur noch in Form von Ruinen oder als Teile späterer Bauwerke bestehen. Manche wurden sogar in Moscheen integriert. Die wichtigste Kirche aus dieser Zeit ist die Grabeskirche in Jerusalem, die auch Sitz des Patriarchen war. Weitere wichtige Kirchen lagen unter anderem in Caesarea, Nazareth, Hebron, Sebastia und Lydda, aber auch in kleinen Städten und Dörfern gab es zahlreiche Kirchen.

Oben und gegenüber: Der Berg Tabor. Unten: Innenraum der Verklärungskirche auf dem Berg Tabor.

„Unter den Architekten, Künstlern und Handwerkern, die im 12. und 13. Jahrhundert die Kreuzfahrerkirchen bauten, gab es Menschen aus Ost und West, daher lassen sich an den Gebäuden unterschiedliche stilistische Einflüsse erkennen. Wir müssen die Bauwerke gewissenhaft dokumentieren, bis wir eine allgemeine Aussage darüber treffen können, welche architektonischen Einflüsse in der Zeit der Kreuzfahrer von West nach Ost bzw. von Ost nach West gelangten."

(D. Pringle, „Church-Building in the Kingdom of Jerusalem," Bulletin of the Anglo-Israel Archaeological Society, 14, 1994-95, S. 77)

Der Berg Tabor

Zu den Bauten der Benediktiner gehörte auch das Kloster auf dem Berg Tabor, wo der Überlieferung nach die Verklärung Jesu stattfand (Matthäus 17,1-8).

Murphy-O'Connor schrieb über den Berg Tabor: „Die perfekte Kuppelform des Berges Tabor erweckt Ehrfurcht und Bewunderung. Er hat die Aura eines heiligen Berges. Von Anbeginn der Geschichte an, sind die Menschen hier in Kontakt mit dem Unbekannten getreten …" (J. Murphy-O'Connor, The Holy Land, 1992, S. 369)

Nachal Siyah

Der Karmeliterorden entsprang aus der Tradition des Eremitentums. In den Jahren zwischen 1220 und 1238 erbauten die Karmeliten in Nachal Siyah auf dem Westhang des Karmelgebirges unweit von Haifa die Kirche und das Kloster Stella Maris. In der Nähe des Klosters liegt eine Höhle, die mit der Geschichte des Propheten Elia verknüpft ist.

In einem französischen Pilgerbericht von ca. 1231 lesen wir: „… am Rande des Berges liegt ein wunderschöner, traumhafter Ort, an dem Eremiten leben, die Karmelbrüder (frères du Carme) genannt werden. Dort gibt es auch eine kleine Marienkirche und aus dem Bergfelsen strömt herrlich frisches Wasser.“

(zitiert in D. Pringle, The Churches of the Crusader Kingdom of Jerusalem, Volume II, S. 249)

Oben links und unten: Die Kapelle in Nachal Siyah. Oben rechts: Hier soll der Überlieferung nach der Jakobsbrunnen gestanden haben. Heute sind die Überreste der Kirche zu sehen.

Der Jakobsbrunnen

Am Fuß des Berges Gerizim unweit von Nablus soll der Überlieferung nach der Jakobsbrunnen gestanden haben. Heute sind hier die interessanten Überreste einer Kreuzfahrerkirche zu sehen. Die Kirche und das Land um das Dorf Balata gehörten den Benediktinerinnen von Betanien. Im 19. Jahrhundert säuberte das griechisch-orthodoxe Patriarchat die Kirche und baute sie zum Teil wieder auf. Die Bauarbeiten blieben bis heute jedoch unvollendet.

Der deutsche Mönch Theoderich schrieb um das Jahr 1175 in seinem Buch „Libellus de locis sanctis" (Büchlein über die heiligen Orte): „Der Brunnen … liegt eine halbe Meile von der Stadt [Nablus] entfernt: Er befindet sich vor einem Altar, in der Kirche, die über ihm erbaut wurde und in der Nonnen Gott hingebungsvoll dienen. Der Brunnen wird Jakobsbrunnen genannt …"

Die Festungen der Kreuzfahrer

Auf dem Gebiet des Königreichs von Jerusalem gibt es an die hundert unterschiedliche Festungsanlagen – angefangen von einzelnen Türmen bis hin zu Bergfesten mit massiven Festungsmauern, Türmen, Toren Geheimpforten und Wassergräben. Die Wälle sind aus großen, gut gearbeiteten Quadern und Steinblöcken gebaut. Unter den Festungsanlagen befinden sich riesige Wasserreservoirs. An vielen Orten wurden auch einzeln stehende Türme gefunden, unter anderem in Jaba', Ka'akun und Burdsch el-Ahmar (Roter Turm).

Bei den Ausgrabungen bei Montfort wurde dieser aus Stein gehauene Soldatenkopf mit Helm gefunden.

Bei den Ausgrabungen entdeckten sie die „Werkstatt der Burg, in der die Rüstungen repariert wurden. Hier fanden sie Eisenklumpen, einen Schmelztiegel, verschiedene Werkzeuge, Hämmer, Meißel, Fragmente von Kettenhemden, Stücke einer Kesselhaube, Schuppen eines Kettenhemds sowie mehr als vierzig Rüstungsteile. Von einem großen Helm war nur noch ein Stück des Visiers vorhanden – ich wünschte, wir hätten mehr davon, er ist einzigartig! Weitere Funde waren Pfeilspitzen, Pfeile, Lanzen und Stacheln, die alle in einer Lage Holzkohle gefunden wurden, was vermuten lässt, dass sie nach dem Brand der Burg dort einfach liegen geblieben waren.“

(B. Dean, A Crusader's Fortress in Palestine, 1927, S. 22)

Oben, unten und links: Die Festungswälle der Burg Montfort.

Montfort

Über einem tiefen Tal voll immergrüner Bäume im Westen Galiläas thront die eindrucksvolle Burg Montfort. Die 1226 oder 1227 erbaute Festung wurde schließlich zum Hauptsitz des Deutschen Ordens, der die Burg beträchtlich ausbaute. 1271 nahm Baibars die Burg ein. Seine Truppen hatten einen Teil der Südmauer untergraben und so die Niederlage der Ritter herbeigeführt. Bei Ausgrabungen im Jahr 1926 kamen Teile der Burg sowie unzählige Artefakte zutage, die zuvor unter den Trümmern verborgen gewesen waren. Dort, wo einst die Kapelle gestanden hatte, fand man einen bemerkenswerten, aus Stein gehauenen Soldatenkopf mit Helm.

Oben und unten: Luftaufnahmen der Burg Belvoir.

Belvoir

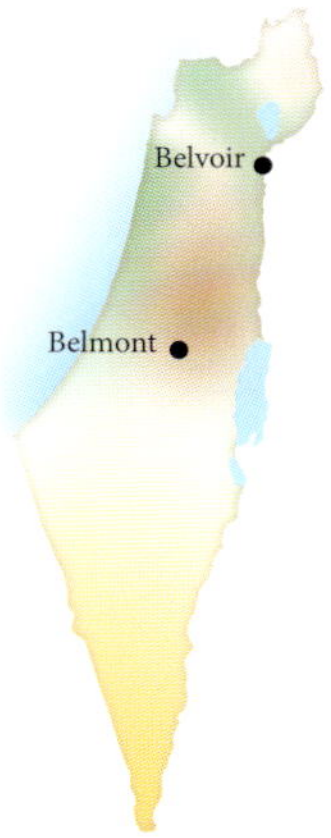

Im Gegensatz zu Montfort war Belvoir (Kokhav ha-Yarden) strategisch ausgesprochen günstig gelegen: Die Festung im Jordantal nördlich von Bet-Schean überblickte eine ganze Reihe wichtiger Straßen, die in unterschiedliche Richtungen führten. Die Burg, die 1168 vom Johanniterorden übernommen wurde, bietet einen atemberaubenden Ausblick. Sie war von zwei Festungsmauern umgeben und war nur schwer einzunehmen. Dennoch gelang Salah-ed-Din (Sultan Saladin) die Eroberung im Jahr 1189 nach seiner erfolgreichen Schlacht an den Hörnern von Hattin, wie die doppelte Hügelspitze zwischen Akko und dem See Genezareth genannt wurde. Bis zur endgültigen Zerstörung der Burg im Jahr 1219 waren dort wohl noch Soldaten stationiert. Bei Ausgrabungen in den 1960er-Jahren wurde fast die ganze Burg freigelegt.

Oben und unten: Die Burg Belmont umringt von den Häusern des osmanischen Dorfes Suba.

Der britische Konsul James Finn, der Suba 1858 besuchte, berichtet: „In dem Dorf fanden wir Überreste alter Mauern, die wahrscheinlich zum Keller einer Burg aus früher sarazenischer Zeit oder aus Zeit der Kreuzzüge gehörten. Ein Abschnitt der Mauern war noch in hervorragendem Zustand …" (J. Finn, Byeways in Palestine, 1868, S. 426).

Der in Stein gehauene Engel mit Flügeln und Buch wurde bei Belvoir gefunden.

Belmont

Westlich Jerusalems, in der Nähe des Kibbuz Tsuba, liegt das verlassene Araberdorf Suba. Unter den Dorfruinen verbergen sich die mächtigen Überreste der Burg Belmont. Sie entstand in den Jahren 1171-72 und gehörte dem Johanniterorden. 1187 wurde sie von Salah-ed-Din eingenommen und 1191 vollständig zerstört. Bei Ausgrabungen kamen nicht nur bemerkenswerte Überreste der Festungsmauern zutage, sondern auch der innere Bereich mit Gewölben rund um einen Hof, in dem in einer Ecke eine gut gearbeitete Weinpresse stand. Die Kirche hatte wahrscheinlich unter der Hügelspitze gelegen, wo heute die Überreste der Moschee aus später osmanischer Zeit zu sehen sind.

Blick auf Kala'at Jiddin. Rechts: Die Festungsanlagen von Burdsch el-Ahmar (oben) und Ka'akun (unten).

Kala'at Jiddin

Viele der alten Mauern in Kala'at Jiddin stammen aus dem 18. Jahrhundert, doch tief unter den Trümmern und Bruchstücken liegen Mauerwerk und andere Hinweise aus Kreuzfahrerzeiten. Dabei handelt es sich um Überreste der Burg (Iudin), die in den 1220er- oder 1230er-Jahren vom Deutschen Orden erbaut wurde und den Rheinburgen ähnelte.

Der Dominikaner Burchard vom Zionsberg schrieb um 1283: „… vier Leugen von Akko entfernt, in den Bergen von Saron, lag die Burg Iudin, die dem Deutschen Orden gehörte. Heute ist sie zerstört.“ (Eine Leuge ist ein historisches Längenmaß, dessen Ausdehnung je nach Epoche und Region differiert.).

Ka'akun und Burdsch el-Ahmar

Überall im Land entdeckte man an Fundstätten Festungstürme, die einst zwei oder drei Stockwerke hoch aufragten. Der Verteidigungsturm von Ka'akun stammt bereits aus dem Jahr 1123. Burdsch el-Ahmar (der „Rote Turm“) wurde nach archäologischen Befunden um 1110 erbaut und 1265 von den Mamluken zerstört.

Blick auf die Fundstätte Mezad Ateret. Im Vordergrund ist der bereits freigelegte Teil der Mauer zu sehen.

Die Jakobsfurt (Mezad Ateret)

Chastellet, eine Burg des Templerordens, liegt auf dem alten Siedlungshügel am südlichen Ende des Hulatals ganz in der Nähe der „Brücke von Jakobs Töchtern" und der Jakobsfurt (Vadum Jacob). Die Festung wurde im Oktober 1178 unter Einsatz der gesamten, von Balduin IV. zur Verfügung gestellten fränkischen Armee erbaut.

Bei den Ausgrabungen zeigte sich, dass der Angriff Salah-ed-Dins (Sultan Saladin) im August 1179 von drei Seiten her erfolgte. Die Angreifer ließen einen Unterminierungstunnel durch Brand einstürzen und einen Pfeilhagel auf die Verteidiger niedergehen. Schließlich fiel die Burg und die Verteidiger wurden niedergemetzelt.

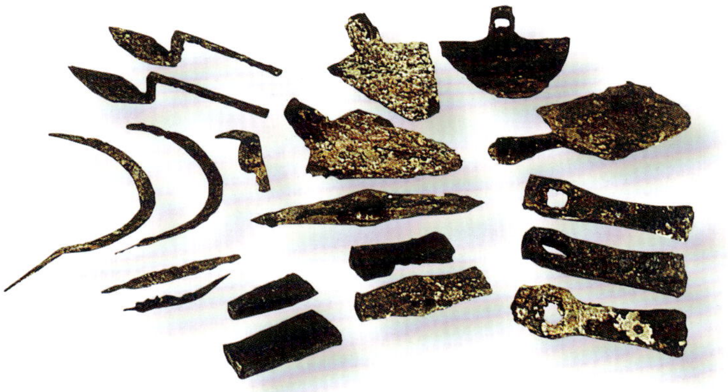

Eisenwerkzeug, das vor Ort entdeckt wurde.

„Als Saladin angriff, waren die Bauarbeiten gerade in vollem Gange und die Burg bestand aus halbfertigen Mauern und unvollendeten Gewölben, die wahrscheinlich noch von Gerüsten getragen wurden. Überall stieß man auf provisorische Wände, auf dem Boden verstreute Eisenwerkzeuge, Mörtel- und Kalkhaufen, behauene Steine und Erdwälle. Rund um die äußeren und inneren Mauern verliefen gepflasterte Wege für die mit Baumaterial beladenen Ochsenkarren aus dem Steinbruch …" (A. Boas, Crusader Archaeology, 1999, S. 119)

Safed (Tzefat)

Auf dem flach gerundeten Hügel der neuzeitlichen Stadt Tzefat liegen die Überreste einer mittelalterlichen Festung mit zwei runden Türmen. Es gibt historische Quellen, nach denen diese Burg 1102 erbaut und unter König Fulko (ca. 1138-40) neu befestigt wurde. Bis zur Zerstörung der Burg durch die Ayyubiden in den Jahren 1218-19 fanden noch mehrmals Umbauten statt. Im Jahr 1240 bauten die Tempelritter die Burg wieder auf und Sultan Baibars setzte die Bauarbeiten fort, nachdem er die Burg 1266 eingenommen hatte. Bis in jüngste Zeit war nur sehr wenig über die Architektur der Burg bekannt, doch dann stieß man bei Ausgrabungen auf Teile der Wälle aus der Kreuzfahrerzeit und eine Toranlage mit Turm. Außerdem entdeckten die Archäologen in den Trümmern einen aus Stein gehauenen Kopf aus dem 12. Jahrhundert.

Eine der Straßen in der Altstadt des heutigen Tzefat.

Ein aus Stein gehauener Kopf aus dem 12. Jahrhundert, der bei jüngeren Ausgrabungen an der Burg von Safed gefunden wurde.

In einem Text aus der Zeit um 1260-66 lesen wir: „Zu den zahlreichen Vorzügen der Burg von Saphet gehört auch, dass sie von nur wenigen Mann verteidigt werden kann, obwohl zahlreiche Menschen in ihren Mauern Schutz finden. Dazu kommt, dass eine Belagerung nur mit einer Vielzahl von Soldaten möglich wäre, die jedoch nicht lange versorgt werden könnten, da es dort weder Wasser noch Nahrung gibt, und darüber hinaus fehlt es ohnehin an ausreichend Platz für so viele Menschen und es wäre nicht sinnvoll, sie an weiter entfernten Orten zu stationieren, da sie dann einander nicht helfen könnten. Man kann sich gar nicht vorstellen, von welch großem Nutzen und welcher Notwendigkeit die Burg für das ganze christliche Gebiet ist …"

(Übersetzung in H. Kennedy, Crusader Castles, 1995, S. 197)

Die Burg Safed thront über der Stadt.

Die Landwirtschaft zur Zeit der Kreuzfahrer

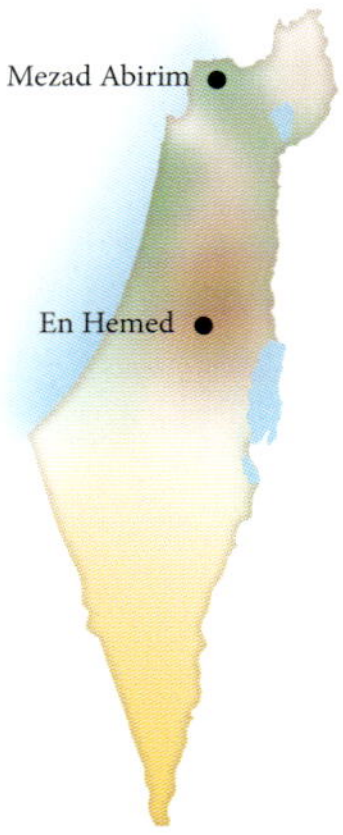

Die Berichte des arabischen Schriftstellers Ibn Dschubair legen nahe, dass die Landwirtschaft im Königreich Jerusalem vollständig auf den Schultern der muslimischen Bevölkerung ruhte und von den Franken lediglich überwacht wurde. Untersuchungen landwirtschaftlicher Anwesen und kleinerer Bauernhäuser in unterschiedlichen Teilen des Landes zeigen jedoch, dass dies nicht der Fall war. Im Osten der Burg Montfort steht ein einzelner, aus großen Quadern gebauter Turm, der als Burdsch Misr (Mezad Abirim) bekannt ist, und im 12. Jahrhundert wohl als befestigtes Bauernhaus diente. Darüber hinaus sind auch große landwirtschaftliche Anwesen bekannt, von denen manche – so wie Jaba' in der Nähe von Ramallah – über Festungstürme, Ställe und offene Wasserreservoirs verfügten. Auf einem Gutshof bei Khirbet Iqbala / En Hemed (Aqua Bella) unweit von Suba steht ein großes Gebäude, das einem Johanniterorden als Krankenhaus diente. Vor Ort fand man zahlreiche Öl- und Weinpressen und auch Zuckermühlen.

Ibn Dschubair berichtet: „… wir kamen an einer ununterbrochenen Anreihung von Bauernhöfen und Dörfern entlang, deren Ländereien nutzbringend bebaut wurden. Die Bewohner waren alle Muslime, doch sie lebten in Frieden mit den Franj – Gott führe uns nicht in Versuchung! Ihre Wohnhäuser sind in ihrem Besitz und keiner vergreift sich an ihrem Eigentum. Und so verhält es sich in allen Herrschaftsgebieten der Franj in Syrien: Die Landsitze, Dörfer und Bauernhöfe blieben in der Hand der Muslime."

(A. Maalouf, The Crusades Through Arab Eyes, 1984, S. 263)

Der Gutshof bei Aqua Bella im Westen Jerusalems.
Gegenüberliegende Seite:
Das befestigte Bauernhaus bei Mezad Abirim.

Die Hörner von Hattin

Im Krieg zwischen Kreuzrittern und Muslimen brachte die Schlacht bei Hattin eine entscheidende Wendung. Salah-ed-Din (Sultan Saladin), der einen klaren und deutlichen Sieg brauchte, hatte seine Truppen dort aufgestellt und erwartete die Kreuzritter. Kurz vor der Mittagsstunde am 4. Juli 1187 erreichte die übermüdete und durstige Armee der Kreuzritter die „Hörner von Hattin": einen Felsvorsprung, der über das gleichnamige Dorf ragt. In der Ferne glitzerte der See Genezareth. Die erschöpften Soldaten sehnten sich danach, ihren Durst am See zu löschen. Sie entschieden sich jedoch dafür, zuerst die Schlacht gegen die Muslime auszufechten. Einer der Heerführer, der Graf Raimund von Tripolis, floh während der Schlacht und überließ seine Soldaten ihrem Schicksal. Die Kreuzritter kämpften mit aller Kraft und zogen sich schließlich auf den oberen Hügel zurück, wo sie dann kapitulierten. Die wichtigsten Kriegsgefangenen, König Guido und Rainald von Chattilon (Prinz Arnat) wurden vor den siegreichen Salah-ed-Din gebracht. In den darauffolgenden Tagen und Wochen gelang es Salah-ed-Din, die wichtigsten Städte und Festungen der Kreuzritter einzunehmen.

„Angesichts der widrigen Umstände dieser letzten Schlacht war es aus militärischer Sicht durchaus geraten, sich den Hügel hinauf zwischen die Hörner zurückzuziehen: Die alten Mauern boten einen gewissen Schutz vor den Pfeilen der Muslime und erlaubten es den fränkischen Bogenschützen, ihre Feinde wie von Burgwällen aus zu beschießen. Wahrscheinlich formierten sich die fränkischen Ritter zwischen den Hörnern neu …" (B.Z. Kedar (Hrsg.), The Horns of Hattin, 1992, S. 206)

Oben, links und rechts:
Das Schlachtfeld bei den Hörnern von Hattin.

Ibn al-Athir, ein muslimischer Historiker, berichtet: „Die Muslime hatten das trockene Gras in Brand gesetzt und der Wind trieb den Rauch in die Augen der Ritter. Durst, Flammen, Rauch, Sommerhitze und Beschuss schwächten die Franj, doch sie glaubten, sie könnten dem Tod nur entrinnen, indem sie ihm ins Gesicht sahen. Ihre Angriffe wurden so heftig, dass die Muslime kurz davor waren aufzugeben. Doch jeder Angriff sorgte bei den Franj für schwere Verluste und sie wurden immer weniger. Schließlich gelang es den Muslimen, in Besitz [der Relikte] des Heiligen Kreuzes zu gelangen. Das war für die Franj der schmerzlichste Verlust, denn sie glaubten, dass an diesem Kreuz der Messias, Friede sei mit ihm, gekreuzigt worden sei."

(A. Maalouf, The Crusades Through Arab Eyes, 1984, S.192)

Kala'at Nimrud

Kala'at Nimrud (Subayba) ist die größte mittelalterliche Burg in Israel. Allerdings wurde sie nicht von den Kreuzrittern erbaut, sondern von al-'Aziz 'Uthman, dem ayyubidischen Gouverneur des nahe gelegenen Banyias. Die Bauarbeiten dauerten von 1228 bis 1230. Später ließ der Mamlukensultan Baibars die Burg dann noch einmal neu ausbauen.

An der Fundstätte wurde eine monumentale arabische Inschrift aus der Zeit des Sultan Baibars entdeckt, auf der steht: „Im Namen Gottes, des Barmherzigen, des Allerbarmers. Dieser gesegnete Turm wurde durch die Gnade unseres Herrn Sultan al-Malik al-Zahir [Sultan Baibars] neu erbaut, dem erhabenen Meister, dem Gelehrten, dem Gerechten, dem Kämpfer im Heiligen Krieg, dem Verteidiger der Grenzen, dem von Himmel Gesegneten, dem Siegreichen …"

(M. Hartal, The Al-Subayba (Nimrod) Fortress, 2001, S. 110)

Unten und gegenüber: Festungsmauern und Tor der Burg Kala'at Nimrud.

Burdsch al-Malih

Am östlichen Rand des Samariagebirges liegt eine interessante Fundstätte, von der aus man das Jordantal überblicken kann. Es gibt dort Festungsmauern, ein Tor und eine Reihe von Bauten aus der Zeit der Kreuzfahrer oder Mamluken. Die Lage der Stätte wurde bereits 1874 von den Forschern C.R. Conder und H.H. Kitchener beschrieben, doch bislang wurden dort noch keine Ausgrabungen vorgenommen.

Die Festungsanlage von Burdsch al-Malih.

Karawansereien in Galiläa

An zahlreichen Stätten findet man Karawansereien *(Khans)* aus der Zeit zwischen dem 14. und dem 19. Jahrhundert. Sie erleichterten den Pilgern und Handelskarawanen die Reise, indem sie ihnen Unterkunft, Verpflegung und Ställe zur Verfügung stellten. Die ältesten Khans, die wir in Galiläa kennen, sind Khan Jubb Yusuf aus dem 14. Jahrhundert und Khan el-Tujjar aus dem 15./16. Jahrhundert. Sie waren wohl auf Geheiß der mamlukischen Behörden erbaut und befestigt worden. Khan Jubb Yusuf liegt an der Via Maris, einer der wichtigen Handelsrouten, die Syrien mit Jerusalem und dem Süden verbanden. Der Name des Khans rührt daher, dass die arabischen Geographen hier die Zisterne vermuten, in die Josef von seinen Brüdern geworfen wurde (Genesis 37, 17-29). Über der neben dem Khan liegende Zisterne wurde ein Kuppelbau errichtet. Als Conder und Kitchener das Khan 1877 besuchten, berichteten sie, dass es „immer noch sehr gut in Schuss sei“. Heute ist das leider nicht mehr der Fall.

Ein Kuppelbau bei Khan Jubb Yusuf über der Stelle, an der Josef der Überlieferung nach von seinen Brüdern in die Zisterne geworfen wurde.

Die Karawanserei bei Khan Gaaton.

Oben: Eine Karawanserei bei Kefar Harib an der Straße zur Golanhöhe. Unten: Die Karawansereigebäude bei Khan Jubb Yusuf.

Teil 6:

HIN ZUR NEUZEIT

Palästina im Osmanischen Reich

In der frühen osmanischen Zeit erlebte Palästina eine Hochphase. Die wichtigsten Städte damals waren Jerusalem, Tabariya (Tiberias), Nablus (Sechem), Khalil (Hebron) und Akkah (Akko). Pilger aus dem Westen waren willkommen und die christlichen Besucher übernachteten in den Karawansereien an den großen Straßen und in den Städten. Überall im Land entstanden Dörfer und die Häuser wurden dort bereits in der Art gebaut, wie wir sie aus den heutigen arabischen Dörfern kennen. Der lokale Führer Dhaher al-Omar ließ Akko und Tiberias befestigen und in Schefar'am, Sasa und weiteren Orten Festungen erbauen. Die Paschas, die das Land regierten, bürdeten der Bevölkerung nach und nach immer schwerere Steuerlasten auf. Die osmanische Herrschaft endete, als die Briten 1917 nach Palästina kamen.

Ein aus Stein gehauener Kopf aus dem 19. Jahrhundert, der in Moses Shapiras Antiquitätenladen in Jerusalem verkauft wurde.

Die Mauern Jerusalems

Die wundervolle Jerusalemer Altstadtmauer, die wir heute kennen, verdanken wir dem kreativen Geist des osmanischen Herrschers Suleiman des Prächtigen. Die Planung und Ausführung des Baus in den 1540er-Jahren organisierte der begnadete Hofarchitekt (Hassa Mi‘mar) Sinan. Allerdings bekamen die beiden die Mauer nie zu Gesicht, denn erstaunlicherweise kam keiner von ihnen je nach Jerusalem. Entlang der Jerusalemer Altstadtmauer stößt man immer wieder auf Tore, über denen Inschriften an die Bauarbeiten erinnern. Im Durchgang des Jaffators versäumen es die Reiseführer nie, auf die Gräber der „Architekten" hinzuweisen, die vergessen hatten, den Berg Zion mit in den Mauerring einzubeziehen und wegen dieser Nachlässigkeit geköpft wurden. Doch die Geschichte ist eine Legende, es handelt sich wohl um Gräber von vornehmen Osmanen.

Oben: Blick Richtung Süden auf das unter Suleiman dem Prächtigen erbaute Damaskustor im nördlichen Teil der Altstadtmauer. In der Ferne ist die goldene Kuppel des Felsendoms auf dem Haram asch-Scharif (Tempelberg) zu sehen. Ganz links im Bild sehen wir die Hänge des Ölbergs. Links: Rund um die Fensterluke im Zionstor sind noch die Einschläge aus der Schlacht um die Stadt im Jahr 1967 zu sehen.

Bescheidenheit gehörte wohl eher nicht zu den Eigenschaften Suleimans, der sich 1521 wie folgt beschrieb: „König der Könige, Herrscher der Herrscher, höchster Kaiser von Byzanz und Trapezunt, mächtigster König Persiens, Arabiens, Syriens und Ägyptens, Oberster Herr Europas und Asiens, Prinz von Mekka und Aleppo, Herrscher Jerusalems und aller Meere …" (A. Bridge, Suleiman the Magnificent, 1983, S. 55)

Drei Tore der Altstadtmauer. Links: Das zugemauerte Goldene Tor. Mitte: Das Zionstor. Rechts: Das Misttor.

Moscheen

Der Begriff Moschee ist abgeleitet von dem arabischen Wort *„masjid“*, was „Ort der Niederwerfung“ bedeutet. Die ältesten Moscheen, die im Heiligen Land gefunden wurden, stammen aus der Zeit der Umayyaden – viele davon sind Freiluftschreine in der Wüste Negev. Die wichtigste Moschee im Land ist die Al-Aqsa-Moschee auf dem Haram asch-Scharif in Jerusalem. In den Moscheen zeigt eine halbrunde Nische, die *Mihrab*, die nach Mekka (Qiblah) gewandte Gebetsrichtung an. Neben der *Mihrab* befindet sich die Kanzel (Minbar), von der aus freitags gepredigt wird. In osmanischer Zeit wurden zahlreiche Moscheen im Land erbaut. Außerdem entstanden überall im Land, zum Teil neben heiligen Bäumen, zahlreiche religiöse Schreine (*Maqam*, „[heiliger] Ort“).

Oben: Sidni Ali-Moschee. Unten links: Yavne-Moschee.
Unten rechts: Die Nebi Musa-Prozession, dargestellt auf einem Stich aus dem Jahr 1881.

„Sobald der Schrein des Propheten in Sicht kommt, ordnet sich die Gruppe neu, sie entfalten ihre Banner und der offizielle Teil der Prozession beginnt. Zunächst schichten sie kleine Steinhügel als „Zeugen“ (Qanatir) auf und rezitieren die Eröffnungssure (Fatihah). Der Derwisch, der die Prozession leitet, schickt einen seiner Nachfolger voraus, damit der den Derwischen, die bereits in Nebi Musa sind, die Ankunft der Prozession ankündigt.“

(T. Canaan, Mohammedan Saints and Sanctuaries, 1927, S. 199)

Das muslimische Pilgerzentrum in Nebi Musa.

Nebi Musa

Einmal im Jahr ziehen Tausende Muslime in einer Prozession von Jerusalem in das nordwestlich des Toten Meeres gelegene Nebi Musa. In dem Wüstenort nahe der Küste verbringen sie fünf Tage mit Gebeten und Feiern. Moses wird hier traditionell von den Pilgern auf dem Weg nach Mekka verehrt. 1269 ließ der mamlukische Sultan Baibars vor Ort einen Schrein errichten, doch der Großteil der heute noch sichtbaren Bauten stammt aus osmanischer Zeit.

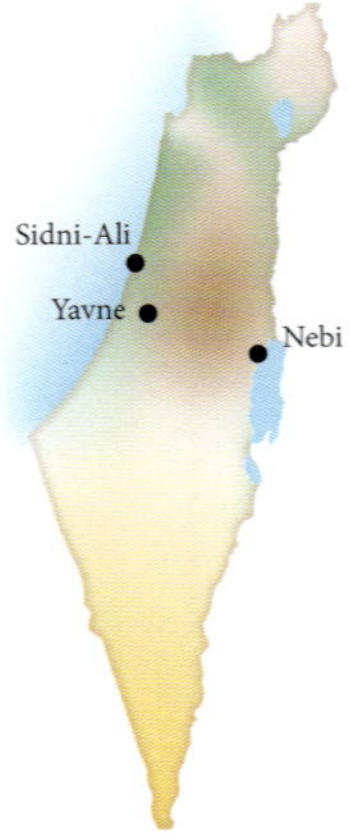

Ein Muslim aus Abu Dis erzählte: „Ein betagter Schäfer wurde eines Tages ohnmächtig und seine Freunde, die ihn für tot hielten, begruben ihn ganz in der Nähe des Nebi Musa-Schreins an der Stelle, an der heute noch sein Grab zu sehen ist. Doch er ist nicht wirklich tot. Die Worte Mose ‚Mögest du niemals sterben' lassen ihn keine Ruhe finden und so wandert er umher und weidet die Böcke … Manche haben gesehen, wie er sich von einem Felsvorsprung stürzte, um in seiner Verzweiflung Selbstmord zu begehen – doch umsonst. Er wird als sehr großer, alter Mann mit weißen Haaren beschrieben, dessen Nägel und Bart ausgesprochen lang gewachsen sind. Wenn man versucht, sich ihm zu nähern, flieht er."

(J. E. Hanauer, Folk-Lore of the Holy Land, 1907, S. 38)

Tiberias

Unter dem lokalen Führer Dhaher al-Omar begann für einige Städte und Dörfer in Galiläa Mitte des 18. Jahrhunderts eine Blütezeit, in der die Festungen in Sasa, Dayr Hanna, Jiddin, Tell Harbaj und Saffuriya (Sepphoris) sowie größere Festungsanlagen in Akko, Haifa, Nazareth und Tiberias entstanden. Oft wurden die neuen Mauern auf Überresten früherer Befestigungen aus Zeit der Kreuzfahrer und Mamluken erbaut.

„… Bei seiner Rückkehr aus Mekka erhielt Suleiman [der osmanische Vali von Damaskus] erneut den Befehl, gegen Dhaher vorzugehen, und diesmal erhielt er noch mehr Verstärkung als zuvor. Belagerungserfahrene Soldaten wurden zusammen mit einer ganzen Schiffsladung entsprechender Ausrüstung nach Haifa gebracht, von wo aus sie nach Tiberias weiterzogen. Erlasse mit der Aufforderung, Suleiman zu unterstützen, wurden an den Vali [Provinzgouverneur] von Tripolis und die Zu 'ama [Anführer] und Timarioten [Bezirksinhaber] von Damaskus geschickt. Und so zogen Letztere erneut gegen Tiberias, diesmal fest entschlossen, Dhaher endgültig abzusetzen. Doch wie das Schicksal es will, starb er [Suleiman] Ende August 1743 unerwartet auf dem Weg und der Feldzug wurde abgebrochen.“ (A. Cohen, Palestine in the 18th century, 1973, S. 35)

Gegenüber, oben und Mitte: Die von Dhaher al-Omar Mitte des 18. Jahrhunderts erbaute Festungsanlage von Tiberias.

Schefar'am

Die Burg von Schefar'am wurde wohl von Osman, dem Sohn Dhaher al-Omars, in den Jahren 1768/69 auf den Überresten einer Kreuzfahrerburg erbaut. Zumindest wies darauf eine Inschrift hin, die einst über dem Tor angebracht war. Zur Burg gehörten sieben riesige Gewölbesäle.

Burg von Schefar'am aus der Zeit von Dhaher al-Omar.

Die Inschrift über dem Tor lautete: „Haltet ein an einem Haus, in dem die Güte jeden Tag zunahm. Es wurde von Osman, dem edlen und großzügigen Herrn, erbaut. Sein Haus ist der Vollmond, auf dem der Löwe saß. Hier kamen jederzeit Gäste zusammen. Seht auch das Chronogramm! Wahrlich, dies ist ein Ort des Glücks.“

(A Petersen, „The Fortress of Shafr'Amr and Related Buildings,“ Levant 32, 2000, S. 92)

Akko

Akko ist eine der wichtigsten Hafenstädte an der Ostküste des Mittelmeers. Kein Wunder also, dass im Lauf der Geschichte so viele Länder und Armeen verbittert und verzweifelt um diese Stadt gekämpft haben. Zahlreiche Soldaten verloren bei der Eroberung oder Verteidigung ihr Leben. Heute ist die Altstadt Akkos eine Touristenattraktion. Die Besucher schlendern über die Märkte, besichtigen die unterirdischen Ruinen aus der Kreuzfahrerzeit und lassen sich von der Schönheit der Festungsanlagen und Moscheen verzaubern. Das Akko der Kreuzfahrer wurde Mitte des 18. Jahrhunderts unter Dhaher al-Omar erneut aufgebaut. Sein Nachfolger Ahmad Bascha stellte die Festungsanlagen und zahlreiche Bauwerke wieder her. Ahmad Bascha war albanischer Herkunft und trug den Beinamen al-Dschassar, was „der Schlächter" bedeutet. Mit Unterstützung der britischen Flotte gelang es al-Dschassar im Jahr 1799 eine Offensive von Napoleon Bonaparte zurückzuschlagen. Die sechzig Tage dauernde Belagerung erwies sich für alle Beteiligten als ein Desaster.

Oben: Akko mit seiner Festungsanlage aus dem 18. Jahrhundert. Im Hintergrund ist das Mittelmeer zu sehen. Unten links und unten rechts: Die ansehnliche Dschazzar-Pascha-Moschee.

„Die Männer al-Dschassars erlitten das gleiche Schicksal: Ihre unbestatteten Leichname wurden zu Beute für die Rudel streunender Hunde. Eine Ausnahme war der britische Marineoffizier Major Thomas Oldfield, der am 7. Mai getötet und aufgrund einer falschen Identifizierung von den Franzosen vom Schlachtfeld geborgen wurde. Die Franzosen setzten ihn mit allen militärischen Ehren bei …"

(A. Berman, „Excavation of the Courthouse Site at 'Akko: A Siege-Trench of Bonarparte's Army …," 'Atiqot 31, 1997, S. 92)

Oben und unten: Das Suleiman-Pascha-Aquädukt nach Akko.

Das Aquädukt nach Akko

Wenn man auf der Straße nördlich von Akko in Richtung Nahariya fährt, sieht man das nach Akko führende Aquädukt („Kinat el-Basha“). Die auf einer Bogenreihe ruhende Wasserleitung ist ein eindrucksvolles Beispiel hydraulischer Architektur, auch wenn bei den starken Regenfällen im Winter immer wieder Stücke davon abbrechen. Das Aquädukt wurde 1815 von Suleiman Pascha erbaut, um Akko mit Wasser zu versorgen. Die vorherige, von al-Dschassar angelegte Wasserleitung, die einen etwas anderen Verlauf hatte, war von Napoleon Bonaparte während der Belagerung von Akko zerstört worden. Suleiman Pascha leitete die ein Jahr dauernden Bauarbeiten an dem Aquädukt selbst, um sicherzustellen, dass die bestmögliche Route gewählt wurde und die Bewohner der umliegenden Dörfer Kalk für den Verputz der Wasserleitung des Aquädukts lieferten. Von der Quelle Ain Basha aus gelangte das Wasser dann in dreieinhalb Stunden nach Akko.

„El Aura, der Biograph [von Suleiman Pascha] berichtete, dass der Pascha die Bauarbeiten über mehrere Monate hinweg persönlich leitete, was bedeutet, dass der Großteil des Aquädukts heute [1946] um die 130 Jahre alt ist. Es heißt, dass Suleimans Nachfolger Abdullah Pascha das Wasser dazu genutzt habe, seine zahlreichen Güter zwischen Umm el-Faraj und El-Bahja bis hin zu einem Viehhof im Norden zu bewässern. Sein Wasserreservoir in El-Bahja wird heute noch auf dem Gut der Familie Beydoun genutzt.“ (N. Makhouly und C.N. Johns, Guide to Akkon, 1946, S. 94)

Abu Gosch

Das westlich von Jerusalem gelegene Dorf heißt eigentlich Kiryat el-Enab, was Traubendorf bedeutet, aber heute kennt es jeder unter dem Namen Abu Gosch. Es ist berühmt für seine hervorragende Küche, besonders für sein Kichererbsenmus, den *Hummus*. Nur wenige wissen, was es mit dem neuen Namen des Dorfes auf sich hat: Tatsächlich wurde es nach dem Wegelagerer Issa Mohammed Abu Gosch benannt. Der aus Hedschas stammende Beduine verlangte im späten 18. und frühen 19. Jahrhundert exorbitante Zollgebühren von den Reisenden auf dem Weg zwischen Jaffa und Jerusalem. Wer sich weigerte, die Gebühren zu zahlen, wurde im besten Fall in den Kerker geworfen. Neben der Hauptmoschee im Dorf fand man bei jüngeren Ausgrabungen zahlreiche Überreste osmanischer Häuser aus dieser Zeit.

Links: Eine Moschee im Dorf. Rechts: Ein Garten mit Bäumen vor der Kirche von Kiryat el-Enab (Abu Gosch).

Hoade schrieb über das Refektorium in der Kreuzfahrerkirche in dem Tal neben dem Dorf: „In der Zeit um 1756 bis 1834 wurde es von den Scheichs von Abu Gosch als Gefängnis genutzt. Viele Franziskaner wurden auf ihrem Weg nach Jerusalem entführt und hier gefangen gehalten, bis ein Lösegeld eintraf. Die Zahlungsaufforderungen können im Franziskanerkonvent in Jerusalem besichtigt werden.“ (E. Hoade, Guide to the Holy Land, 1973, S. 730)

Links: Das osmanische Dorf Abu Gosch auf einem Stich aus dem Jahr 1586. Rechts: Bei Ausgrabungen in jüngerer Zeit wurden neben der Dorfmoschee die Überreste osmanischer Häuser entdeckt.

Hier im Hafen von Jaffa legten die Dampfschiffe
mit den Pilgern und Reisenden aus dem Westen an.

Von Jaffa zum Jaffator: Vom Altertum in die Neuzeit

Das Jaffator in Jerusalem war meist die erste Anlaufstelle für Besucher des Heiligen Landes.

Wenn die Reisenden und Pilger im 19. Jahrhundert nach ihrer Reise mit dem Dampfschiff endlich Palästina erreichten, im Hafen von Jaffa an Land gingen und schließlich mit der Droschke weiter nach Jerusalem fuhren, waren sie meist von dem Wunsch beseelt, die heiligen Stätten und Altertümer zu besichtigen. Wenn sie dann am Jaffator ankamen, war ihre erste Unternehmung allerdings meistens eher profaner Natur: Sie suchten nach einer passenden Unterkunft mit gutem Essen und einem bequemen Bett. Für die meisten war die Reise nach Jerusalem ein berauschendes Erlebnis, für einige wenige war es eine Enttäuschung – aber auf jeden Fall hatte jeder etwas zum Erzählen. Als der Korporal Henry Philips die Straße nach Jaffa im Jahr 1867 fotografierte, waren auf der Aufnahme noch leere Landschaft und in der Ferne das Russische Viertel zu sehen. Heute führt die mittlerweile stark befahrene Straße durchs Stadtzentrum und beide Seiten sind vollständig mit Häusern, darunter viele Läden, gesäumt. Wie in vielen Teilen der Stadt wurden auch vor den Bauarbeiten auf dem Platz vor dem Jaffator Bergungsausgrabungen durchgeführt. Dabei kamen einige interessante Höhlenkeller aus der Eisenzeit, eine Straße und ein Badehaus aus byzantinischer Zeit sowie Überreste aus dem Mittelalter zutage.

Verzeichnis der im Buch erwähnten Orte

Ausgewählte Veröffentlichungen

Luftbildfotografie

* Arden-Close, C. 1941. „Sir Aurel Stein's Explorations of the Roman Frontiers in Iraq and Transjordan", *Palestine Exploration Fund Quarterly Statement* 73: 18-21.
* Cleave, R. 1993. *The Holy Land: A Unique Perspective*. Oxford.
* Dalman, G. 1925. *Hundert deutsche Fliegerbilder aus Palästina*. Gütersloh.
* Deuel, L., 1969. *Flights into Yesterday: The Story of Aerial Photography*. Harmondsworth.
* Gavish, D. 1978. „Air-photographs by First World War Pilots in Eretz Israel," *Cathedra* 7: 119-150 (Hebräisch).
* Gavish, D. 1990. „Aerial Perspective of Past Landscapes". Pp. 308-319 in R. Kark (Hrsg.), *The Land That Became Israel: Studies in Historical Geography*. New Haven.
* Kedar, B. Z. 1999. *The Changing Land: Between the Jordan and the Sea. Aerial Photographs from 1917 to the Present*. Jerusalem.
* Kedar, B. Z. and Danin, A., (Hrsg.) 2000. *Remote Sensing: The Use of Aerial Photographs and Satellite Images in Israel Studies*. Jerusalem.
* Kennedy, D. L., 1989. *Into the Sun: Essays in Air Photography in Archaeology in Honour of Derrick Riley*. Sheffield.
* Kennedy, D. L. and Bewley, R. 2004. *Ancient Jordan from the Air*. Oxford.
* Kennedy, D. L. and Riley, D. N. 1990. *Rome's Desert Frontier from the Air*. London.
* Mouterde, R. and Poidebard, A. 1945. *Le Limes de Chalcis*. Paris.
* Pixler, Y. 1992. „The Use of Aerial Photographs for Locating Ancient Fields in the Region of Lod". Pp. 60-76 in S. Dar (Hrsg.), *New Vistas in the Research of Ancient Agriculture and Economy of Eretz Israel*. Bar Ilan University.
* Poidebard, A. 1934. *Le Trace de Rome dans le desert de Syrie. Le Limes de Trajan à la conquete arabe. Recherches aériennes 1925-1932*. 2 Bände. Paris.
* Riley, D. N., 1980. *Early Landscape from the Air*. Sheffield.
* Taylor, J. 1989. *High Above Jordan*. London.
* Taylor, J. 2005. *Jordan: Images from the Air*. Amman.
* Thomas, H. H. 1920. „Geographical Reconnaissance by Aeroplane Photography with Special Reference to the Work Done on the Palestine Front," *Geographical Journal* LV: 249-376.
* Wiegand, T. 1920. *Sinai*. Berlin.
* Wilson, D.R. 1982. *Air Photo Interpretation For Archaeologists*. London.

Archäologie

* Aharoni, Y. 1984. *Das Land der Bibel. Eine historische Geographie*. Neukirchen-Vluyn.
* Ben-Tor, A. (Hrsg.) 1992. *The Archaeology of Ancient Israel*. New Haven.
* Cline, E. H. 2016. *Biblische Archäologie. Von Genezareth bis Qumran*. Darmstadt.
* Hoffmeier, J.K. 2009. *Die antike Welt der Bibel: Eine Reise zu den bedeutendsten archäologischen Entdeckungen im Alten Orient*. Hrsg. von A. Schick. Gießen.
* Klenk, H. 2016. *In Israel sprechen die Steine. Eine archäologische Pilgerreise durch das Heilige Land*. Holzgerlingen.
* Negev, A. and Gibson, S. (Hrsg.) 2001. Archaeological Encyclopedia of the Holy Land. New York.
* Rohde, M. 2018. *Schätze der biblischen Zeit. 50 archäologische Entdeckungen rund um die Bibel*. Holzgerlingen.
* Vieweger, D. 2012. *Archäologie der biblischen Welt*. Gütersloh.
* Vieweger, D. 2019. *Geschichte der biblischen Welt: Die südliche Levante vom Beginn der Besiedlung bis zur römischen Zeit*. 3 Bände. Gütersloh.

Danksagung

Zuallererst danken wir den Archäologen und Fotografen – zu viele, um sie einzeln beim Namen zu nennen –, die uns Aufnahmen und Informationen zur Verfügung gestellt haben. Und dann natürlich den Mitarbeitern der Israelischen Antikenbehörde (IAA), die unser Projekt von Anfang an unterstützt haben: Shuka Dorfman, Generaldirektion der IAA; Dr. Uzi Dahari, stellvertretende Leitung; Dr. Hava Katz, Leitung der Abteilung für Nationalschätze; Pnina Shur und Yael Barschak von der Abteilung für Funde und Fotoarchiv, sowie Alon De Groot von der Einheit für wissenschaftliche Berichte, der die anfängliche Liste mit Fundstätten vorbereitet hat.

Außerdem geht unser Dank an Dr. Sam Wolff für seine hervorragenden redaktionellen Anmerkungen, Rafi Lewis und Mareike Grosser für die Hintergrundrecherche, Yosh Gafni und Rachel Gilon für ihre guten Ratschläge, Armalya Keshet vom Israel-Museum und Fauzi Ibrahim vom Rockefeller-Museum für ihre Hilfe bei der Organisation der Aufnahmen in den Museen, Dr. John Hall für die Satellitenaufnahmen sowie Dr. Amnon Kartin für die uns zur Verfügung gestellten Karten.

Dieses Buch ist all jenen gewidmet, die Freude daran haben, mehr über die alten Landschaften Israels zu erfahren.

Duby Tal und Shimon Gibson

Blick auf den in der Sonne glitzernden Fluss Kischon. An seinen Ufern tobte einst eine Schlacht zwischen den nördlichen Stämmen Israels und den Königen von Kanaan. Diese Schlacht besingt Deborah mit dichterischen Worten: „Könige kamen und kämpften, die Könige von Kanaan kämpften in Taanach bei den Quellen von Megiddo, doch sie trugen kein Silber vom Schlachtfeld. Die Sterne kämpften vom Himmel aus. Sie kämpften auf ihrer Bahn gegen Sisera. Der Kischon schwemmte sie fort – der uralte Fluss, der Kischon. Vorwärts, meine Seele, nur Mut!“ (Richter 5,19-21)